RECVEIL

DES OEVVRES

DE FEV BONAVEN-
TVRE DES PE-
RIERS,

*

Vallet de Chambre de Treschrestienne Prin-
cesse Marguerite de France, Royne
de Nauarre.

A LYON,
Par Iean de Tournes.
1544.

Auec Priuilege.

A TRESILLV
STRE PRINCESSE
MARGVERITE DE
FRANCE ROY-
NE DE NA-
VARRE.

ANTOINE DV
MOVLIN S.

*

AYANT ouy plusieurs fois dire à Bonauenture des Periers, peu de moys auant son trespas, Que son intention estoit que vous, tresilustre Royne, fussiez heritiere des siens petiz labeurs : lesquelz il ne doubtoit point que ne acceptissiez de celle prompte volüté, que vous auez faict les œuures de maints autres, qui n'ont pensé mieulx employer ailleurs les fruictz de leurs engins. Mais estant aduenu en la personne dudict Bonauenture l'effaict du prouerbe commun, qui dit : Que l'homme propose, & Dieu dispose : Mort implacable, implacable Mort l'a surprins

* 2   prins

prins au cours de sa bonne intention, lors qu'il estoit
apres à dresser & à mettre en ordre ses composi-
tions, pour les vous offrir & donner, luy viuant.
Il n'a donques peu veoir l'effaict de ses ardens vœux
accomply, tresillustre Dame : Et ce certes i'estime
vne tresgrande perte & dommaige au monde, de
n'auoir point eu, iusques icy, la lecture de si diuines
conceptions. Et quant à moy, de tant que i'ay esté de
ses plus intimes & familiers amys, les yeux de mon
cueur en larmoyant largement toutesfois & quantes
(& ce aduient tressouuent) que la recordation du
Deffunct me passe par la memoire : voire tant me
remplit elle de desirs, reuocans coup à coup l'Amy
trespassé en vie, que ie suis presentement forcé pour
ma consolation, & de ceulx qui ont esté ses amys, de
mettre en lumiere ses elegans & beaulx escriptz,
reliques vrayement sacrees (comme lon pourroit dire) & tirees du Buste & feu de leur Seigneur. En
quoy faisant, tresillustre Royne, ie donne refrigere
à mon ame, & quant & quant ie satisfais aux su-
presmes intentions de vostre Seruiteur : en vous si-
gnifiant & declairant heritiere vniuerselle des pe-
titz biens par luy delaissez : lesquels eussent (s'il eust
vescu plus longuement) neantmoins estez de bien
plus grande estime : parce mesmement qu'il les eust
mis en leur entiere perfection, & grace : puis, à la
mode

mode des autres, en euſt poſee la liſte & roolle en
l'Arc d'Eternité, voſtre Temple, en la veuë des hom
mes, & hors neantmoins à iamais du danger & ca-
lumnies de l'Enuie : laquelle n'addreſſe ſes pas ou elle
entend que voſtre haulte Vertu ſeigneurie : ou elle
congnoiſt la force de voz rempars, & ou elle ſent,
tant ſoit peu, l'odeur de ces vertuz & excellences
voſtres, deſquelles eſt embelly & orné le Monde.
Receuez donques, treſilluſtre Royne, la belle preſen-
te hoirie telle qu'elle eſt, & ne prenez garde s'elle
n'y eſt toute entiere : puis que ce n'eſt par le larcin
d'autre, que de l'enuieuſe Mort, qui encores taſchoit
(ſi ie ne fuſſe) d'enſeuelir en eternel oubly les œuures
auec le corps. Car i'eſpere qu'a voſtre faueur nous
recouurerons encores partie de ces nobles reliques,
deſquelles auſſi (à ce que i'ay ouy dire au Deffunct)
auez bonne quantité riere vous : & partie en y ha
d'vn mien congneu à Montpelier. Si mes deſirs
en ce ſortent effect, les aura le Monde aſſez prochainement : Et de ce Dieu le
createur, & vous treſilluſtre
Royne, me donnent la gra
ce. De Lyon ce
dernier iour
d'Aouſt.

M. D. XLIIII.

* ᵃ

VOEV.

CE NATVREL ESPRIT QVEL QVIL
SOIT, QVE LA BONTÉ DE DIEV A
OTTROYÉ A BONAVENTVRE DES
PERIERS, SOVSTENV DE LA ROY-
ALLE MVNIFICENCE APPENT RE
VEREMMENT CE PETIT VOEV AVX
HONNOREZ PIEDZ DE LA SACREE
IMAIGE DE TRESILLVSTRE MAR-
GVERITE DE VALOIS ROYNE DE
NAVARRE, LE VRAY APPVY ET EN-
TRETENEMENT DES VERTVS.

LE
DISCOVRS
DE LA QVESTE
D'AMYTIE',
DICT,
LYSIS DE PLATON.

Enuoyé à la Royne de
Nauarre.

Socrates racompte les propos que luy, Hippothales, Cresippe, Menexene, & Lysis,
eurent ensemble.   Et dict ainsi,

I'ALLOYE *vn iour de Laca-*
demie droict au Lyceon, par le
faubourg, le long des murailles.
Et quand ie fuz au droict de la
porte, à la fontaine Panopis, ie
rencontray Hippothales le filz
de Hieronyme, & Cresippe Peaneen auec plusieurs
autres ieunes Enfans. De tant loing que Hippothales me veit, O Socrates, dist il, dont est la venue, &
ou allez vous maintenant? Ie viens, dis ie, de Laca-
demie, & m'en vois droict au Lyceon. Alors il me
dist: Si donc il vous plaisoit addresser vostre chemin
par deuers nous, & vous reposer vn petit, vous ne
vous tourdriez pas, Socrates, & vrayement vous

a   le

le deuez faire. Ie le dois faire voyrement, dis ie, mais
ou, & chez qui d'entre vous voulez vous que ie
voise? Ceans, dist Hippothales, me monstrant vne
maison d'exercice & esbat, close de murs, vis à vis
des murailles, de laquelle la porte estoit ouuerte. Ceãs
nous nous esbattons, dist il, & faisons exercice auec
plusieurs autres honnestes Enfans. Et à quoy, dis ie,
vous esbattez vous? Au ieu de Luicte, nouuellement
institué, dist il, & mesmemeut en disputes, & propos
que nous vous communiquerons voulentiers. C'est
tresbien faict, dis ie: Et qui est vostre Maistre? Vostre
Compaignon, dist il, qui dict tant de bien de vous,
Miccus. Miccus certes, dis ie, n'est des pires hommes
du monde: mais il est merueilleusement Sophiste, &
grand causeur. Vous plait il pas me suyure, dist il,
à fin de veoir ceulx qui y sont? Ie vouldroye, dis ie
lors, scauoir pour lequel veoir ie y entreroye, & qui
est ce tant bel Enfant. Les vns, dist il, y sont beaulx
aux vns, & les autres aux autres, Socrates. Mais
encores lequel, dis ie, vous semble beau leans? Dictes
moy ie vous prie, qui est ce bel Amyaymé. Quand ie
veis qu'il ne sonnoit mot, ie luy dis en ceste maniere,
O silz de Hieronyme, Hippothales mon amy, il n'est
ia besoing que vous me disiez si vous estes Amyamoureux de quelcun, ou non: car ie suis asseuré, que
non seulement vous aymez, mais que vous estes bien
                                                    auant

uant en amours. *En toutes autres besongnes ie ne
suis que trop grossier & ignorant: mais en cas d'a-
mour, i'ay bien ce don de Dieu, que de prime face ie
congnois ceulx qui ayment. Il ne me respondit rien,
mais Ctesippe print la parolle, & luy dist: Vrayement vous auez bonne grace, Hippothales, d'ainsi
faire difficulté de dire le nom de vostre Amy à Socrates, lequel, s'il demeure guere-icy, sera tout bossu
& assommé de vous l'ouyr nommer. Certes Socrates, il ne faict tous les iours autre chose que nous rompre la teste, & assourdir les oreilles du nom de Lysis.
Et s'il aduient qu'il soit quelque peu ioyeux deuers le
soir, il ne se fainct point de nous resueiller pour nous
faire ouyr & entendre le nom de son amy Lysis. Or
ne nous ennuyeroit il point de luy en ouyr parler sans
cesse, encores que la chose soit moult ennuyeuse, s'il ne
se parforçoit nous matter de tout poinct, & acheuer
de paindre par la frequente lecture, ou recit continuel
de ses beaulx Vers & Epigrammes. Et, qui est bien
plus ennuyeux, s'il ne nous chantoit ses Amours à
tant haulte voix comme il peult, laquelle nous sommes contrainctz ouyr & endurer: & maintenant
il faict du honteux quand vous l'en interroguez. Il
semble, dis ie, que cestuy Lysis soit encores bien petit,
par ce qu'à l'ouyr nommer ie ne puis penser qu'il est.
On l'appelle, dist Ctesippe, peu souuent par son nom:*

car il porte encores celuy du pere, lequel eſt homme
fort renommé. Et à mon aduis, Socrates, qu'il n'eſt
pas que la beauté d'vn tel Enfant ne ſoit paruenue à
voſtre congnoiſſance: car certes il eſt de ſi honneſte
façon, qu'il n'eſt poſſible que par ce ſeulement tout le
monde ne le congnoiſſe. De qui eſt il filz, dis ie lors,
ie vous prie dictes le moy. C'eſt, diſt Cteſippe, le plus
grand des deux Enfans de Democrates Exoneen.
Voire? dis ie, & bien Hippothales, ſoit ainſi qu'ayez
acquis vne noble & ferme Amytié, mais monſtrez
moy auſſi vn petit, s'il vous plait, voz compoſitions,
comme vous auez faict à ceulx cy, à fin que ie voye
ſi vous ſcauez les propos qu'vn Amyamoureux doit
tenir de ſon Amyaymé, tant à ſoymeſme qu'à autruy. Cuydez vous, Socrates (diſt adonques Hippothales) qu'il faille prendre eſtime à choſe que Cteſippe die? Vouldriez vous dire, dis ie lors, que vous ne
aymez celuy qu'il dict? Nenny, diſt il, mais ie ne cō-
poſe ny eſcrips rien d'Amour. Adonques Cteſippe
diſt: Ie croy qu'il n'eſt en ſon bon ſens, Socrates, car
certes il reſue & raſſotte. O Hippothales, dis ie, ie ne
me ſoucye pas grandement d'ouyr voz Rithmes ou
Chanſons, ſi vous en auez faict quelques vnes de
voz Amys: mais ie deſirerois entendre de quelle affection vous eſtes enuers eulx. Cteſippe vous le dira,
diſt il: car il le ſçait, & en eſt aſſez records: puis que
ainſi

ainſi eſt, comme il diſt, qu'il en eſt tout battu de m'en
ouŷr parler & chanter tous les iours. Voire vrayement, diſt Creſippe, Mais encores y ha bien de quoy
rire, Socrates, car pour loüer l'eſprit de celuy lequel
il ayme plus que toutes les choſes de ce monde, il ne
ſcait que mettre en auant, ſinon ne ſcay quelz propos qui ſont telz que certes vn Enfant auroit honte
de les tenir. Il va racomptant par tout les meſmes
choſes qui ſe diſent communement de Democrates,
de Lyſis ayeul de l'Enfant, & de tous leurs prede-
ceſſeurs. Il deuiſe de leurs cheuances, du train qu'ilz
menent, & des proueſſes & vaillances qu'ilz ont
faictes en Pythos, en Iſthmos, & Nemee, tant en
chariotz qu'a cheual: enſemble de leurs autres faicts
& geſtes bien plus antiques que ceulx cy. Encores
dernierement nous recita il, en Vers, vn banquet que
vn des Anceſtres de Lyſis feit vne fois à Hercules
eſtant logé en ſa maiſon, à cauſe de parenté, pource
qu'il eſtoit auſſi filz de Iupiter, & de la fille de ie ne
ſcay quel Prince: & pluſieurs autres choſes ſemblables, que les vieilles chantent en filant leurs quenouil-
les. Voyla, Socrates, ce que tous les iours nous ſommes
contrainctz d'oüyr en ces comptes & chanſons.
Que vous eſtes mocquable Hippothales, dis ie, ains
qu'ayez vaincu vous eſcriuez & chantez voz
loüenges. Eſt ce de moy, diſt il alors, ſi i'eſcrips ou

chante telles choses? Ne l'eſtimez vous pas? fais ie.
Comment l'entendez vous, diſt il. Comment? dis ie:
Tous ces eſcriptz & chanſons redondent à vous
ſeul: car ſi vous venez à chef de voz amoureuſes
entreprinſes, telles louenges tourneront toutes à l'honneur de vous, comme de quelque Triumphateur, par
ce qu'aurez acquis vn tel Amy. Que ſi vous n'y pouez attaindre, de tant plus digne ſerez de mocquerie, comme vous aurez eſtimé & loué le bien dont
vous ſerez forcluz. Quiconques eſt ſçauant & bien
expert aux pourchas & acqueſts d'amytié, iamais
ne loue aucun de ſes Amys, que premier il ne iouyſſe
de la familiarité d'iceluy, & ce de peur des inconue-
niens qui en peuuết enſuyure: car il y en ha pluſieurs
qui de tant plus ſe rendent difficiles, comme ilz ſe
ſentent priſez & eſtimez. Il n'y ha rien ſi vray,
diſt il. Quel vous ſembleroit, dis ie, le Veneur qui
pourſuyuroit la beſte de telle façon, que touſiours il la
feiſt retirer en ſon fort, dont elle fuſt plus malaiſee à
prendre? Trop lourd, diſt il, & inutile. Rendre aux
gens, dis ie lors, les courages arrogans & haultains,
en lieu de les leur cuyder amollir, eſt ce point faict
d'homme bien ignorant? Ouy ce me ſemble, diſt il.
Or prenez bien garde, fais ie, Hippothales, que ne
ſoyez de ce reprehenſible pour l'ardant friſſon de
Poëſie, dont eſtes eſprins enuers voz Amours. Certes ie

tes ie penſe que vous ne tiendriez pas celuy pour bon
Poëte qui eſcriroit contre ſoymeſmes. Non vrayement, diſt il, car quelle eſpece de follie ſeroit ce? Pource, Socrates, veulx ie bien me deſcouurir à vous, à
celle fin que me döniez, s'il vous plait, quelque meilleur conſeil, comment vn Amant peult acquerir la
bonne grace de ſa partie Aymee. Ce n'eſt pas choſe
aiſee à dire, dis ie, Hippothales, mais ſi voulez tant
faire que ie puiſſe parler à voſtre Amyaymé, poſſible que ie vous ſeray entendre les propos que luy deuez tenir, en lieu des choſes que vous allez racomptant & chantant, ainſi que ceulx cy diſent. O Socrates, diſt il, cela ſe pourroit bien faire facilement,
s'il vous plaiſoit venir ceans auec Cteſippe: car vous
ne ſcauriez ſi toſt eſtre aſſis & entrer en parolles,
qu'il ne vienne vers vous de ſoymeſmes, comme ie
penſe, tant eſt curieux & deſirant d'ouyr. Et meſ-
memēt pource qu'il eſt auiourd'huy la feſte des Mer-
curiales, que les Enfans font ceans, i'eſpere qu'il ſera
de loyſir, dont ne ſauldra de venir. Autrement, il eſt
biē familier de Cteſippe à cauſe de ſon Nepueu Menexene, le plus grād Compaignon qu'il ayt. Il vous le
pourra appeller, s'il ne vient à vous de ſoymeſmes.
Ainſi nous conuiendra il faire, dis ie: Et en prenant
Cteſippe par la main ie le ſuiuy leans, & les autres
vindrent apres nous. Quād nous fuſmes entrez, nous

trouuasmes les Enfans sacrifians, & les sacrifices
presque paracheuez. Or estoient tous ces ieunes Enfans bien parez & accoustrez, & iouoient aux ta-
bles, aux martres, & aux osselets : les vns estoient
hors le porche, les autres au coing du parquet passans
le temps à per ou non, en choysissant & tirant des
iettons de dedans ne scay quelles boetellettes : & les
autres se tenoient debout à l'enuiron, qui les regar-
doient iouer, entre lesquels estoit Lysis coronné d'vn
chappeau de Fleurs, lequel Lysis surpassoit tous les
autres de Physionomie & bonne grace : & n'estoit
point seulemẽt beau, mais bien sembloit estre bon &
honneste. Nous nous allasmes seoir sur des sieges qui
là estoient vis à vis d'eulx. Quoy voyant Lysis se re-
tournoit souuent, & iectoit ses yeux vers nous, comme ayant grand'enuie de s'approcher, mais il auoit
honte d'y venir tout seul. Ce pendant voicy Menexene qui s'en venoit iouant & mignottant de vers
le porche : & quand il veit Ctesippe & moy, il s'en
vint droict seoir vers nous. Si tost donc que Lysis le
veit venir, il ne faillit à le suyure, & s'assit aupres
de luy. Apres lesquels là arriuez, plusieurs autres y
vindrent aussi. Quãd Hippothales veit tant de gens
assemblez, il se voulut cacher parmy eulx, & se re-
tira en tel endroict ou il pensoit qu'il ne seroit apper-
ceu de Lysis : & ce de peur que sa veuë & presence ne

ce ne luy fuſt, peult eſtre, ennuyeuſe: par ainſi il ſe tenoit illec debout, & eſcoutoit tous noz propos. Or
cōmencay ie à dire ainſi à Menexene: O filz de De-
mophon, lequel eſt plus aage de vous deux? Nous ne
ſcauons, diſt il. Scauez vous point auſſi lequel eſt le
plus noble? Non certes, diſt il. Ny lequel eſt le plus
beau, & hōneſte? De ceſte parolle tous deux ſe ſoub-
rirent. Ie ne vous demanderay point, dis ie, lequel
eſt le plus riche, car vous eſtes Amys enſemble, eſtes
pas? Ouy bien fort, dirent ilz. Or ſont les biens des
Amys, dis ie, tous cōmuns entre eulx, dont en ce n'e-
ſtes differens ſi vous faiſtes ce prouerbe d'amytié a-
uoir lieu en voſtre endroiſt, laquelle choſe ilz confeſ-
ſerent: mais comme ie leur voulu demander lequel de
eulx eſtoit le meilleur & plus ſage, vn quidam nous
entrerōpit le propos: car il appella Menexene, diſant
que le Maiſtre du Ieu le demandoit: & me ſemble
que ceſtuy là eſtoit le Preuoſt des Sacrifices. Menexene s'en alla, & ie me mis à ce pēdant entretenir Lyſis, & luy dis ainſi: Diſtes moy, Lyſis, voſtre pere
& voſtre mere vous ayment ilz pas bien? Ouy, diſt
il. SOCRATES. Deſirēt ilz point que vous ſoyez
heureux? LYSIS. Pourquoy non? SOCR. Celuy
vous ſemble il heureux qui eſt en ſeruitude, & n'a le
pouoir ny le loyſir de faire ce qu'il veult? LYSIS.
Nenny certes. SOCR. Si donques voſtre pere &

a 5 voſtre

voſtre mere vous aymēt, & veulent que ſoyez heureux, mettent ilz pas toute peine & diligence à ce
que vous viuiez en pure & franche liberté? L Y S.
Qui en doubte? S O C R. Ilz vous laiſſent donc faire
tout quant que vous voulez ſans contreuenir à voz
deſirs. L Y S. En bonne foy, Socrates, ſi me ſont ilz
bien contraires en pluſieurs choſes. S O C R. Comment dictes vous cela, Lyſis? ilz deſirent que ſoyez
heureux, & vous gardent de faire voz plaiſirs. Or
me dictes vn petit: ſi durant le tournoy vous auiez
impetré de voſtre pere de monter ſur ſon Chariot, &
que pour le conduire vous voulſiſſiez prēdre les reſ-
nes des cheuaulx, vous le permettroit il pas? L Y S.
Nenny certes. S O C R. A qui le permettroit il donques? L Y S. A vn palefrenier qui eſt à la maiſon,
que pour ce faire, il tient à gages. S O C R. Qu'eſt ce
que vous dictes, Lyſis? Voſtre pere baille il plus toſt
ſes cheuaulx à gouuerner à vn Seruiteur, & argent
pour ce faire, que non point à vous? dont vient cela?
D'auātaige, voſtre pere & voſtre mere ſouffriroient
ilz que vous touchiſſiez leurs mulets à tout vn fouet
s'il vous en prenoit enuie? L Y S. Pourquoy me le
ſouffriroient ilz, Socrates? S O C R. Comment? ame
ne les oſeroit il toucher? L Y S. Ouy dea, mais c'eſt
à faire au Mulatier. S O C R. Le Mulatier eſt il de
Serue, ou Frāche condition? L Y S. C'eſt vn Seruiteur.

S O C R.

SOCR. *Ilz estiment donc plus vn Seruiteur que
vous qui estes leur propre filz, & luy donnent plus
de credit. Mais encores vne chose : Permettent ilz
que vous ayez l'esgard & maistrie sur vostre personne?* LYS. *Nenny.* SOCRA. *Qui l'a donques?*
LYS. *Mon Pedagogue.* SOCR. *Est ce point aussi
vn Seruiteur?* LYS. *Ouy.* SOCR. *Vrayement le
cas est bien gref & estrange, qu'vn Enfant noble soit
subiect à vn Seruiteur de son pere. Et en quoy est ce
qu'il ha sur vous esgard?* LYS. *Quand il me mene
vers les Maistres qui m'enseignent.* SOCR. *Ceulx
là ont ilz point aussi puissance sur vous?* LYS. *Ouy.*
SOCRA. *Vostre pere vous ha donc bien baillé des
maistres & gouuerneurs pour son plaisir. Or ca quãd
vous estes de retour à la maison, vostre mere pource
que aussi elle desire que vous soyez heureux, vous
laisse faire tout ce que vous voulez en matiere de fi-
ler & deuuyder la soye, & besongner sur le mestier.
Elle vous souffre tenir & manier le coutelet, les ci-
seaulx, le pigne, la nauette, & toutes ces autres besongnes.* LYS. *Dictes vous Socrates : Elle ne me les
feroit pas seulement poser, mais bien me b attroit si ie
les osoye toucher.* SOCR. *Mon Dieu, auez vous
faict quelque chose à vostre pere & à vostre mere?*
LYS. *Nenny.* SOCR. *Pourquoy donques ne veulent ilz point que vous soyez heureux, & faciez*

SOKT

tout à voſtre plaiſir, ains vous nourriſſent de ſorte
que vous eſtes touſiours ſubieċt à quelcun, & qu'à
bref parler ilz ne vous laiſſent faire choſe quelconque qui vous agree? A raiſon de quoy il ſemble que
tant de biens ne vous ſeruent de rien, veu qu'vn ſim-
ple vallet en ha plus toſt le gouuernement que vous:
voire(qui eſt bien le pis) & de voſtre perſonne meſmes : car l'vn vous la traiċte et nourrit, l'autre vous
la peigne & accouſtre, ſans que vous y ayez droiċt
ou puiſſance quelconque, Lyſis mon Amy, dont ne
ſcauriez mettre à effeċt choſe qu'ayez en voulenté.
L Y S. Ie ne ſuis pas encores en aage, Socrates. S O C.
Vous n'eſtes pas encores en aage diċtes vous! Donnez vous garde, filz de Democrates, que ce ne vous
ſoit le moindre empeſchement. Car à mon aduis que
voſtre pere & voſtre mere vous laiſſent faire à voſtre appetit toutesfois & quantes qu'ilz veulent que
vous leur liſiez ou eſcriuiez quelque choſe, & n'at-
tendent point qu'ayez plus grand aage : ains ſe fient
deſia bien en vous, de ce, plus qu'en nul autre de la
maiſon. L Y S. Ouy bien. S O C R. En céſt endroiċt
ſoit en liſant ou eſcriuant, il vous eſt loyſible de diſ-
poſer les lettres tout à voſtre plaiſir. Et quand vous
prenez le Lut ilz ne vous gardent point d'en laſ-
cher ou tendre les cordes, ou d'en iouer autremẽt qu'à
voſtre fantaſie? L Y S. Non certes. S O C R. A quoy
tient

tient il donc qu'en telles choſes ilz vous laiſſent faire
tout ce que vous voulez, & aux autres non? L Y S.
Pource que ie me cognoy en ceſtes cy, & que ie n'entends rien en celles là. S O C R. Donc voyez vous,
mon bel amy Lyſis, comment voſtre pere, pour vous
donner entiere liberté, n'atrend point que vous ayez
plus d'aage, mais que ſoyez plus ſage: car des qu'il ſe
apperceura que ſerez deuenu plus prudent que vous
n'eſtes, il vous lairra incontinent le gouuernement de
toutes voz affaires, & de voſtre perſonne auſſi.
L Y S. Telle eſt mon eſperance, Socrates. S O C R.
Et que feront les autres? ſe porteront ilz point tout
ainſi enuers vous comme voz pere & mere? Car
penſez vous que quelque Seigneur voſtre voyſin ne
vous laiſſaſt ſemblablemēt voulentiers la charge de
ſa maiſon, s'il vous congnoiſſoit eſtre bon meſnager?
L Y S. Ie le penſe. S O C R. Faictes vous doubte que
les Atheniens ne vous baillent le gouuernement de
la choſe publique, auſſi toſt qu'ilz ſçauront que vous
ſerez meilleur & plus ſuffiſant à ce, que nul autre?
Diſons vn petit, Que feroit le Souuerain d'Aſie? ſouf
friroit il à ſon filz aiſné, lequel doit apres luy ſucce-
der au Royaume, aller meſtre en ſes potages tout ce
qu'il vouldroit, plus toſt qu'à nous, apres que luy aurions faict entēdre que nous nous cognoiſſons mieulx
en faict de cuyſine que ſon filz? L Y S I S. Nenny.

S O C R.

SOCR. *Si l'enfant y vouloit mettre grande quan-*
tité de sel, il l'engarderoit, feroit pas? ce que toutesfois
il nous permettroit bien. LYS. *Voire.* SOCRA.
Ouïre plus, si d'aduenture iceluy Enfant auoit mal
aux yeux, luy defendroit il pas d'y mettre les mains,
puis qu'il sçauroit bien que iceluy ne feroit Cyrurgien
ne Medecin? Mais s'il nous estimoit estre bons Cy-
rurgiens, ne nous y lairroit il point faire tout ce que
nous vouldrions? Voire quand pour les luy medeciner
nous en ouvririons les paupieres, & ietterions de la
cendre dedans. LYS. *Cela est vray.* SOCR. *D'auā-*
tage, se feroit il pas mieulx en nous de toutes ses au-
tres affaires, que en soymesmes, ou en son propre filz,
s'il congnoissoit que nous y fussions beaucoup plus sca-
uans & expers? LYS. *Aussi feroit il necessaire, So-*
crates. SOCR. *C'est bien dict, Lysis mon amy, Les*
nostres, & les estrangers, hommes & femmes, tous
nous lairront besongner & faire à nostre guise, de ce
en quoy nous serons sçauans: & n'y aura ame qui
nous en garde, qu'en cela ne soyons libres, & remon-
strans aux autres. Parquoy, puis qu'en telles choses se-
rions vtiles & duisans, à bon droict seroient elles no-
stres. Mais de ce en quoy ne nous entendons, personne
ne nous permettra disposer comme nous vouldrions
bien, ains vn chascun de son pouoir nous y resistera,
non seulement les estrangers, mais les nostres aussi:
                             & enc

& encores de ce qu'aurons plus cher, voire de noz
propres perſonnes ſerons contraincts bailler la char-
ge à quelques ſeruiteurs plus toſt que la prendre nous
meſmes. Leſquelles choſes, veu que ne les ſcaurions
aproſiter, nous ſeroient alienes & eſtranges : le con-
feſſez vous pas? L Y S. *Ie le confeſſe.* S O C R A T.
Pourrions nous eſtre Amys de quelcun, ou quelcun
nous aymera il à raiſon de ce en quoy nous ſommes
inutiles? L Y S. *Nenny.* S O C R. *Voſtre pere ne*
vous ayme donc point, ny vn autre quel qu'il ſoit au-
truy, en tant que vous ou luy ne leur eſtes à profit.
Mais ſi vous deuenez ſage, chaſcun ſera amoureux
& familier de vous, autremēt perſonne ne vous ay-
mera, ny les Voyſins, ny voz Parēts. Or ie vous de-
mande ſi aucun ſe peult glorifier du ſcauoir qu'il n'a
encor acquis. L Y S I S. *Comment ſe pourroit il faire?*
S O C R. *Si vous auez beſoing de Maiſtre, donques*
n'eſtes vous pas encores ſcauant. L Y S. *Non certes.*
S O C R. *Par ainſi ne vous glorifiez vous pas en ſca-*
uoir ſi vous n'en auez point. Non, diſt il, comme ie
croy. Apres leſquelles parolles, ie iettay mes yeux ſur
Hippothales, & à peu que ne luy diſſe en ceſte ma-
niere : Voyla les propos, Hippothales, que lon doit te-
nir aux Enfans, en les reprenant & rabaiſſant, non
pas les louer & flatter. Mais voyant qu'il eſtoit tout
faſché pour les raiſons ſuſdictes, ie m'aduiſay qu'il ſe

cachoit

cachoit de Lysis, dont ie me teu & retiray. Ce pendant Menexene retourna, & s'assist en sa place aupres de Lysis. Alors Lysis me dist à l'oreille, autant
gracieusement & amyablement qu'il est au monde
possible, sans que Menexene l'entendist: Socrates, dist
il, Ie vous supplie tenez à Menexene le mesme propos que vous m'auez tenu. Vous mesmes, dis ie, Lysis le luy tiedrez par apres : car vous m'auez escou-
té bien ententiuement. Ouy certes, dist il. Mettez
donc peine, dis ie, qu'il vous souuienne de tout ce que
nous auons dict, à fin de le luy racompter entieremēt
de poinct en poinct. Et s'il y ha quelque chose dont ne
soyez bien records, vous m'en pourrez interroguer
la premiere fois que me rencontrerez. Certes ie y es-
saieray, dist il, mais dictes luy donques s'il vous plait
quelque autre chose, à fin que ie l'apprenne aussi, en
attēdant qu'il soit heure de nous en retourner. Vraye
ment, dis ie, ie le dois faire, quand ne seroit que pour
l'amour de vous & à vostre requeste : mais pensez
donc à me donner secours si d'aduenture il me repoul-
se, car vous scauez bien qu'il est vn petit contētieux
& opiniastre. Ce fais mon, dist il, & ceste est la cause pourquoy ie desireroye vous veoir en disputes auec
ques luy. Voire, dis ie, Lysis, à fin de vous gaudir de
moy? A Dieu ne plaise, Socrates, dist il, mais à celle
fin que vous le repreniez & corrigiez vn petit.

La

La chose n'est pas aisee à faire, dis ie, par ce qu'il est
fort audacieux & beau parleur, & auec ce disciple
de Crisippe. Crisippe, dist il, est aussi en la cõpaignie,
le voyez vous pas? mais ne vous souciez, Socrates,
ains luy parlez hardyment, ie vous prie. Ie le veulx
bien, dis ie, mais ce sera à part icy entre nous, tandis
que les autres deuisent ensemble. Pourquoy, dist adõc
Crisippe, tenez vous voz propos tãt secrets, que n'en
faictes part à ceulx qui sont en la cõpaignie? C'est biẽ
raison, dis ie, qu'ilz en soient participans. Voicy Lysis qui n'entend point plusieurs choses que ie luy demande : or pense il que Menexene les sache, parquoy
il me prie que ie l'en interrogue. Que ne l'interroguez vous donc? dist Crisippe. Aussi vois ie: Menexene, dis ie lors, respondez moy ie vous prie à ce que
ie vous demanderay. I'ay de nature certaine couuoitise d'acquerir vne chose en ce mõde, selon que chascun ha sa fantasie : car nous voyons l'vn desirer des
Cheuaulx, l'autre des Chiens, l'autre de l'Or, & l'au
tre des Hõneurs: toutes lesquelles choses i'estime bien
peu, & n'en fais pas grand compte : mais ie brusle
du desir d'acquerir des Amys. De sorte que i'ayme-
roye beaucoup mieulx auoir vn bon Amy que quelque bel Oyseau, ou plaisant Papegay, ou quelque beau
Chien, ou Cheual. Et par mon ame, si on me mettoit
au choix, i'auroye plus cher acquester vn bon Amy,

b   que

que tout l'Or du Roy Darius, ou que l'auoir prifon-
nier luy mefmes. Or aduifez combien ie fuis couuoi-
teux d'amytié. Pource, quand ie voy Lyfis, & vous,
certes ie fuis furprins d'vn merueilleux eftonnement
en vous reputât tresheureux, que eftâs encores fi ieunes, ayez defia tant aifeemêt acquis vn tel bien que
de vous eftre fi toft accointé de luy, & que luy pa-
reillemêt vous ayt ainfi prins en amour. Duquel bon
heur tant me trouue eslongné, qu'encores mefmes ne
entends ie point comment aucun peult eftre Amy.
Qui eft la chofe qne ie vouldroye bien vous demander, comme à celuy qui la fcauez. Parquoy ie vous
prie, Menexene, me vouloir dire quand quelcun ayme vn autre, lequel de ces deux eft l'Amy, l'aymât,
ou l'aymé: ou s'il n'y ha aucune differêce. M E N E X.
A mon aduis que c'eft tout vn. S O C R. Que dictes
vous, Menexene, tous deux font Amys l'vn à l'autre, encores que l'vn feulement ayme. M E N E X. Il
me le femble. S O C R. Seroit il point poffible d'en
trouuer vn qui aymaft fans party? M E N E X. Ouy
dea. S O C R. Aduient il point aucunesfois que tel
Amant eft mal voulu, comme fouuêt les Amoureux
font de leurs Amyes, lefquels iacoit qu'ilz ayment
ardemmêt, toutesfois point ne font aymez, mais bien
hays & deboutez. Eft il pas vray? M E N E X. Ouy
certes. S O C R. De ces deux perfonnages, ceftuy cy
ayme,

ayme, & celuy là est aymé. MENEX. C'est mon.
SOCR. Mais lequel est amy de l'autre, cestuy cy qui
ayme, soit aymé ou mal voulu, ou celuy là qui est aymé, encores qu'il n'ayme point, ou si nul d'entre eulx
est Amy, veu que tous deux ne s'entreayment. ME-
NE. Il me sembleroit en tel cas, que nul des deux seroit Amy de l'autre. SOCR. Nous iugeons donc
tout autrement que ne faisions n'agueres, quand nous
disions que tous deux estoient amys, encores qu'il n'y
en eust qu'vn seulement qui aymast, veu que maintenant nous trouuons le contraire : assauoir que si tous
deux n'ayment, ny l'vn ny l'autre sont Amys. ME-
NEX. Il le semble. SOCR. A ceste cause n'y ha
il point d'amys de Cheuaulx, par ce qu'ilz n'ayment
d'amour pareille ceulx de qui ilz sont aymez, ny
semblablement point d'amys d'Oyseaux, de Chiens,
de Vin, de Ieux, ny de Sapience, si Sapience ne les ay-
moit aussi. Vray est qu'on ayme telles choses, mais tou
tesfois ce ne sont point Amys. Parquoy, est pas le Poëte bien menteur, qui dict en ceste maniere :

L'homme ayant de beaulx Enfans,
De beaulx Cheuaulx triumphans,
Force Chiens & force Oyseaulx,
Et tousiours hostes nouueaulx
Dont force argent il reçoit,
Est le plus heureux qui soit.

b 2   MENEX.

M E N E X. *Nenny pas à mon iugement.* S O C R.
Comment, Menexene, vous semble il qu'il die vray?
M E N E X. *Ouy certes.* S O C R. *Vous vouldriez,*
donc dire, que ce qui est aymé, encores qu'il n'ayme
point, ou bien qu'il soit mal vueillant, est neantmoins
amy de qui il est aymé, comme sont les petis Enfans
qui n'ayment aucunement, ains plus tost hayent tota-
lement leurs peres & meres pource qu'ilz les cha-
stient, lesquels Enfans, combien qu'ilz portent aucu-
nesfois hayne mortelle à leurs parēts, sont nonobstant
moult chers tenuz d'iceulx. M E N E X E. *Voire.*
S O C R. *Par ce moyen, non qui ayme, mais qui est ay-*
mé seroit tant seulement Amy. M E N E X. *Ouy.*
S O C R. *Et non celuy qui hayt, mais celuy qui ayme*
seroit ennemy mal voulu. M E N E X. *Il le semble.*
S O C R. *Si ainsi estoit, Menexene, maints ennemys*
aymeroient, & plusieurs amys hayroient: & seroiēt
telles alliances d'ennemys à amys, & au rebours, de
amys à ennemys, si celuy là qui est aymé estoit plus
tost amy que cestuy cy qui ayme. Mais quelle resuerie
seroit ce mon doulx amy Menexene: car il est impos-
sible que amytié soit d'ennemy à amy, ou d'amy à en-
nemy. M E N E X. *Il me semble que vous dictes la*
verité, Socrates. S O C R. *Or si cela ne peult estre, il*
fault donc dire que celuy qui ayme soit amy de l'ay-
mé. M E N E X. *Il le semble.* S O C R. *Et que sem-*
blablę

blablemēt celuy des deux qui veult mal à l'autre soit
ennemy. MENEX. Ouy. SOCR. Voire, mais
s'il est ainsi, Menexene, nous conclurons encores vn
coup comme nous auons desia faict vne fois, assauoir
que l'hōme est aucunesfois amy de celuy qui n'est pas
le sien, ou bien de son ennemy, quād iceluy ayme sans
estre aymé, ou ayme son mal vueillant. Et que au con
traire on est souuent ennemy à celuy qui ne l'est pas,
ains plus tost est amy quād on hayt celuy qui ne veult
point de mal, ou cestuy là de qui on est aymé. MENE.
Ie le croiroye ainsi. SOCR. Qu'est il de faire, Menexene, si ny les Amants, ny Aymez, ne se trouuent
estre Amys? Dirons nous que le nom d'amytié doiue
estre transporté à autres qu'à ceulx cy? MENEXE.
Par mon ame, Socrates, ie ne scay que vous respōdre.
SOCR. Pensez y bien, Menexene, que peult estre
nous n'ayons failly le chemin tout au commēcement.
Alors Lysis dist ainsi : C'est bien ce qu'il m'en sembleroit. Et ce disant rougit de honte. Or pense ie, que
pour le trop grand desir & affection d'ont il se penoit
d'escouter, il n'auoit pas bien entendu tout le discours
du propos, qui luy faisoit ce dire : toutesfois qu'il en
sembloit autrement à tous ceulx qui estoient en la cō-
paignie. A cause de quoy, & à fin de laisser vn petit
reprendre l'alaine à Menexene, le scauoir duquel me
auoit fort resiouy, ie tournay le propos deuers Lysis,

& luy dis en ceste maniere : Il me semble, Lysis, que
vous auez raison:car si du commencement nous eus-
sions biē consideré l'affaire,nous ne nous trouuissions
pas maintenant ainsi esgarez.Et pource n'allons plus
par ceste voye,car telle consideration me semble estre
comme vn sentier trop scabreux & malaisé à tenir:
mais pour acheuer le reste du chemin que nous auons
à faire, ie serois d'aduis que nous le demandissions à
quelque de ces Poëtes , lesquels sont comme Peres &
Gouuerneurs de Sapience. Or n'est ce pas mal consideré à eulx,quand en remonstrant quelz doiuēt estre
les Amys,ilz estimēt que iceulx se font par le moyen
& conduicte de Dieu,qui en faict toutes les menees:
car ilz disent ainsi:

Tousiours Dieu meine & addresse
Le Pareil à son Semblable,
Dont apres mainte caresse
Naist Amytié perdurable:
Et si est tant fauorable,
Qu'entre plus d'vn milion,
Par sa bonté secourable,
Robin trouue Marion.

Leastes vous iamais ces Vers là? L Y S I S. Ouy
bien. S O C R. Il est bien possible aussi qu'ayez leu
les escripts des Sages , ou ilz disent le mesmes , assauoir, Que toute chose,necessairement,ayme son Semblable.

blable. Et telle eſt l'opinion de ceulx qui ont traicté
du Naturel, & de tout l'Vniuers. L Y S. Vous dictes
vray. S O C R. Diſent ilz pas bien? L Y S. Peult
eſtre. S O C R. Peult eſtre auſſi que ce que nous diſons eſt vray en partie, & peult eſtre du tout, mais
nous ne l'entendons pas encores. Toutesfois ſi me ſemble il, que tant plus vn mauuais homme s'accoincte
d'vn meſchāt, de tant ſont ilz plus ennemys : car telles gens ne ſcauroient viure enſemble, que touſiours
ilz ne s'entrefeiſſent quelque deſplaiſir l'vn à l'autre. Et Amytié ne pourroit eſtre là ou l'vn poulſe, &
l'autre frappe. Eſt il pas vray? L Y S I S. Ouy certes.
S O C R. Par ainſi donques telle ſentence ſeroit faulſe
par la belle moytié : car les mauuais ſont ilz pas ſemblables? L Y S. Ouy. S O C R. Mais ie croy, Lyſis,
qu'elle entend dire que les bons ſeulement ſont pareils
& amys entre eulx, & que les mauuais ne ſont aucunement ſemblables, comme lon dict communemēt,
ny à eulx meſmes, ny à autruy, mais inconſtans &
variables. Or quiconques eſt different à ſoymeſmes,
n'accordera iamais auec vn autre, & ne pourra eſtre
amy de perſonne. Ne l'eſtimez vous pas ainſi? L Y S.
Ouy certes, Socrates. S O C R. Donques, Lyſis mon
Amy, à mon iugemēt, ceulx qui diſent le Pareil eſtre
Amy de ſon Semblable, entendent que les Bons ſont
Amys aux Bons ſeulemēt. Auſſi, à dire la verité, les

b 4   mauuais

mauuais ne pourroient estre amys ny aux meschans,
ny aux bons. L Y S. Ie le confesse. S O C R. Par ainsi
donc maintenant nous appert qui sont les amys, car la
raison nous monstre que les bons sont amys des bons.
L Y S. Voire. S O C R. Et ie le croy aussi : mais il y ha
ie ne scay quoy qui me trouble, & met en doubte,
oyez ie vous prie que c'est : Par la mesme raison que
les hommes sont pareils entre eulx, par icelle sont ilz
amys, & par consequent vtiles & duysans les vns
aux autres. Or considerős ainsi : Quel profit ou dommage peult faire aucun à son semblable, que luy mesmes ne le se puisse faire? ou, que luy scauroit il aduenir
du costé de son semblable, que luy ne s'en puisse bien
autant donner de soy mesmes? Si donques le Pareil se
passe aiseement de son semblable, y ha il cause pourquoy telles gens se puissent desirer l'vn l'autre? L Y S.
Non pas ce semble. S O C R. Celuy qui ne desire autruy, peult il aymer, ou estre amy? L Y S. Nenny certes. S O C R. Possible que le Pareil n'est pas amy à son
Semblable, par ce qu'il luy est pareil: & que le Bon
est Amy au bon, non entant qu'il luy est semblable,
mais à raison de ce qu'il est bon. L Y S I S. Peult estre.
S O C R. Assauoir mon si le Bon, à raison de ce qu'il
est bon, peult pas bien suffire à soy mesmes? L Y S I S.
Ouy. S O C R. Celuy qui suffist à soy mesmes, en tant
qu'il est prou suffisant à soy, n'a que faire d'autruy.

L Y S.

L Y S. *Qui vouldroit dire du contraire?* S O C R. *Qui
de rien n'a affaire, il ne defire rien.* L Y S I S. *Non.*
S O C R. *Si rien il ne defire, donques, n'ayme il point?*
L Y S. *Non certes.* S O C R. *Qui n'ayme point, n'eft
pas amy.* L Y S. *Il me le femble.* S O C R. *Comment
donques fe peult il faire, que les Bons foient Amys des
bons, lefquels n'ont caufe de defirer l'vn l'autre en
abfence, veu qu'vn chafcun d'eulx peult fuffire à foy-
mefmes en prefence, & n'a befoing de fon femblable?
Quelle eftime fçauroient faire telles gens l'vn de l'autre?* L Y S. *Nulle.* S O C R. *Ceulx qui ne s'entreefti-
ment point, pourroient ilz iamais eftre amys?* L Y S.
Iamais. S O C R. *Or confiderez vn petit, Lyfis, on
nous en fommes venuz, & fi nous auons point efté
abufez.* L Y S. *Comment donques, Socrates?* S O C R.
*Pource que i'ay autresfois ouy dire à quelcun (encores
en ay ie bien memoire) que toute chofe eft aduerfaire
à fon femblable: & que les bons font ennemys aux
bons. Or s'aydoit il du tefmoignage de Hefiode, qui
dict que le Potier porte au Potier enuie, le Muficien
au Chantre, & le Coquin au Mendiant. Et eftimoit
que neceffairement fuft ainfi de toutes chofes, de maniere qu'entre les femblables toufiours y euft enuie
& diffention: mais entre les contraires toute concor-
de & amytié, veu qu'il fault par neceffité que le poure fe face amy du riche: que le petit quiere l'accoin-*

tance du grand, à fin de faueur & ayde: que le Ma-
lade prenne congnoiſſance du Medecin, à raiſon de
Santé : & l'ignorant hante le Sage, pour apprendre
& ſcauoir. Il diſoit bien encores d'auantage, que tant
s'en fault que quelcun ayme ſon Semblable, que toute
choſe quiert, non ſon Pareil, mais ſon Contraire. Choſe
ſeiche demande humeur : le froid deſire le chauld : ce
qui eſt aigu cherche choſe camuſe, ou plane. Amertu-
me ſouhaitte doulceur : le vuyde repletion : ce qui eſt
plein quiert à ſe deſcharger: & ainſi de toutes autres
choſes . Oultreplus diſoit qu'vn Contraire eſtoit vie
& nourriſſement à ſa choſe Contraire, & que le Pa-
reil n'auoit de ſon Semblable bien ne profit quelcon-
ques. Or le perſonnage, qui telles choſes enſeignoit,
ſembloit eſtre fort beau parleur, car il diſoit moult
bien. Que vous en ſemble, Menexene? M E N E X E.
Ie iugerois de prime face, ainſi que vous, qu'il diſoit
bien. S O C R. *Nous diſons donc que tout Contraire*
eſt grand Amy de ſon Contraire. M E N E X. *Voire.*
S O C R. *Prenons qu'ainſi ſoit, Menexene, mais ie*
vous prie conſiderer ſi cela ſeroit point eſtrange, &
hors de propos : car ces Sages tant eloquēts & prōpts
à contredire, ſe pourroient incontinent leuer contre
nous, & nous demander ſi Amytié & Hayne ſont
pas bien Contraires. Que leur reſpondrions nous alors
pour le meilleur, ſerions nous pas contrainĉts leur con-

feſſer

feſſer que ouy? Par ainſi, vouldroient ilz pas conclu-
re & dire, qu'vn Amy ſeroit aymé de ſon Ennemy,
& vn Ennemy mal voulu de ſon Amy? M E N E X.
Peult eſtre. S O C R. Et que ſemblablement le Loyal
ſeroit amy du Meſchãt : le Diſſolu du Modeſte: et les
Bons des Mauuais. M E N E X. Si ne me le ſemble il
pas toutesfois. S O C R. Il fauldroit bien qu'ilz fuſ-
ſent Amys, ſi tãt eſtoit qu'à raiſon de Cõtrarieté vne
choſe fuſt amye de l'autre. M E N E X. Il le fauldroit
bien voirement. S O C R. Donques ny le Semblable
eſt Amy de ſon Semblable, ny le Cõtraire de ſon Con
traire. M E N E X. Il ſemble que non. S O C R. Or à
fin que meshuy nous ne nous amuſions à ces propos,
qui ne nous ont rien profité, quant à entẽdre que c'eſt
que Amy. Conſiderons vn autre cas, aſſauoir, que ce
qui eſt Ne bon ne mauuais, fuſt amy de ce qui eſt Bon.
M E N E. Qu'eſt ce que vous dictes, Socrates? S O C R.
Par mon ame, Menexene, ie ne ſçay : car l'eſprit me
chancelle tout, & varie, pour la difficulté du propos.
Toutesfois il m'eſt aduis, cõme dit le vieil Prouerbe,
qu'il n'eſt point de laydes amours: car beauté eſt touſiours amyable, laquelle ſemble eſtre ne ſçay quoy mol
tẽdre, & graſſet, qui ſoudain coule & paſſe en nous,
comme choſe doulce & gliſſante : & penſe que ce
qui eſt Bon ne peult eſtre qu'il ne ſoit Beau. Que vous
en ſemble? M E N E X. Ainſi l'eſtime ie. S O C R. Or

vous

vous ay ie dict, en deuinant à toutes aduentures, que
ce qui est ne bon ne mauuais est amy de ce qui est bon.
Et sçauez vous bien la cause de cestuy mon deuine-
ment: pource que, selon mon aduis, il y ha trois diffe-
rentes especes des choses: car les vnes sont bonnes, les
autres mauuaises, & les tierces, ne bonnes ne mauuaises. Qu'en dictes vous? M E N E. Ie le pense ainsi.
S O C R A. Puis que selon les raisons susdictes le bon
n'est amy du bon, ny le mauuais du mauuais, ny semblablement le bon du mauuais, donc reste il, s'il y ha
quelque amy au monde, que ce soit ce qui est ne bon ne
mauuais, lequel soit Amyamoureux du bon, ou de qui
luy est semblable: car nul n'est amy de chose mauuaise. M E N E X. Cela est vray. S O C R. Voire mais,
comme nous auons dict, le Pareil n'est point amy de
son semblable. M E N E X. Non. S O C R A. A'raison de quoy, ce qui est ne bon ne mauuais ne pourroit
estre amy de cela qui est tel. M E N E X. Il semble que
non. S O C R. Par ce moyen, ce qui est ne bon ne mauuais peult donc seulement estre Amyamoureux de
cela qui est tout seul bon. M E N E X. La consequence
semble estre necessaire. S O C R. A ce coup, Enfans,
auons nous bien demeslé le poinct: car si nous considerons le Corps de l'homme, estant en santé, il n'a besoing de Medecine, ny des remedes d'icelle, par ce
qu'il luy suffit qu'il se trouue bien: dont la personne
saine,

saine, à raison de santé, n'est Amyamoureuse du medecin : mais bien le malade, comme ie pense, à cause
de maladie. MENEX. Ouy. SOCR. Maladie est
ce pas chose mauuaise, & Medecine chose bonne &
vtile? MENEX. Voire. SOCR. Le Corps, en tant
que corps est ne bon ne mauuais. MENEXE. Il est
vray. SOCRA. Or est le Corps contrainct, à cause
de maladie, desirer Medecine : dont s'ensuyt que ce
qui est ne bon ne mauuais deuienne Amyamoureux
du bien, pour la presence du mal : laquelle accointance se faict, comme il appert, auant que par la presence
de ce qui est mauuais il deuienne tel. Et ne peult estre
mauuais en tant qu'il est Amyamoureux de biē : veu
que nous auons monstré estre impossible, que le mauuais soit amy au bon. MENEXE. Aussi certes ne
peult il estre. SOCR. Entendez vn petit, Menexene, à ce que ie veulx dire : Ie dy que les choses deuien-
nent aucunesfois telles, que ce qui leur eschet & aduient, aucunesfois non : comme si on vouloit taindre
quelque chose de couleur, couleur est ce qui eschet à la
chose couloree. MENEX. Voire. SOCRA. La chose couloree, nonobstant la couleur, est elle pas encores
telle qu'elle estoit parauant? MENEXE. Ie ne vous
entends point, Socrates. SOCR. Peult estre, Menexene, que l'entendrez ainsi : Si quelcun vouloit blan-
chir de Ceruse voz blonds cheueulx, assauoir mon
s'ilz

s'ilz seroient, ou sembleroient estre blancs? M E N E.
Ilz sembleroient estre blancs. S O C R. Encores que
Blancheur leur escheust, si ne seroient ilz blãcs pourtant, & nonobstant la Blancheur escheuë ne seroient
non plus blancs que Noirs. M E N E X E. Il est vray.
S O C R. Mais quand ilz blanchiront de vieillesse,
adonc, mon bel amy, deuiendront ilz tels que ce qui
leur escherra, c'est assauoir, Ilz seront blancs par la
presence de la blanche couleur. M E N E X. Et quoy
donques. S O C R. Voyla ce que ie demandoye, assauoir mon, si tout ce à quoy quelque chose eschet deuient incontinent tel, & le mesmes que la chose qui
luy est escheuë : ou si en vne sorte il deuient tel, & en
l'autre non? M E N E X. Ie dirois qu'en vne sorte il de-
uiendroit tel & semblable que la chose luy escheuë,
& en l'autre non. S O C R A T. Par ceste raison,
ce qui est Ne bon ne mauuais, combien que le mal luy
soit escheu, n'est pourtant encores Mauuais, mais bien
l'est il alors qu'il est deuenu tel. M E N E X. Ouy certes. S O C R. Quand le Mal estant present il n'est encores mauuais, telle presence le contrainct desirer ce
qui est Bon : mais si icelle le rend mauuais, adonc luy
oste elle le desir de bien & amytié aussi, de sorte qu'il
n'est plus ce qui souloit, à sçauoir, Ne bon ne mauuais,
ains Mauuais entierement. Or est il impossible que
le Mauuais soit amy du Bon, ny le Bon du Mauuais.

L Y S I S.

LYSIS. Il est impossible voirement. SOCR. A
ceste cause ceulx qui sont desia Sages, soient Dieux
ou hômes, n'ont plus besoing d'estre Amy amoureux
de Sapience, ny ceulx aussi qui ont esté tellement cor-
rompuz & perduz d'ignorance, qu'ilz en sont de-
uenuz totalement Mauuais. Car celuy qui est Mauuais, ou du tout Ignorant, n'a que faire de Sapience.
Par ainsi, il ne reste plus sinon ceulx qui, combien que
ce Mal d'ignorance leur soit escheu, ne sont neantmoins Idiots & Ignorans de tout poinct, ains ont congnoissance de leur ignorance, au moyen dequoy ilz
sont Amys amoureux de Sapience, estans encores Ne
bons ne mauuais: car les Mauuais ne philosophient, ou
n'ayment Sapience ny les Bons aussi, selon que nous
auons trouué, qu'il n'est point d'amytié de Côtraire à
Côtraire, ny de Pareil à Pareil: vous en souuiët il pas?
LYS. Ouy bien. SOCR. O Lysis, & vous Mene-
nexene, à ce coup auons nous donc trouué qui c'est qui
est Amy, ou non: veu qu'il ha ia esté côclu & arresté
entre nous (tant au regard de l'ame comme du corps)
que ce qui est Ne bon ne mauuais, deuient amy de cela qui est Bon, à cause de la presence du mal escheu.
Alors confesserët ilz, toutes ces choses estre vrayes.
Et moy d'estre bien aise, autant comme si i'eusse esté
quelque Veneur ayant trouué à mon souhait le gibier
que i'alloye querät. Mais il me suruint tout en vn instant

stant ne sçay quel doubte, & souspeçon moult estrange, & hors de propos, comme si les choses susdictes ne
fussent vrayes aucunement, dont tout faschè leur dis
ainsi : O Lysis, & Menexene, Il semble que soyons
tombez en quelque songe ou resuerie . A cause dequoy dictes vous cela ? dirent ilz . Pource, dis ie, que
i'ay grand' peur que tous ces faulx propos que nous
tenons, touchãt sçauoir qui est Amy, ne se gaudissent
de nous : comme si nous auions affaire à gens desdaingneux, ou mocqueurs. Pourquoy donques ? dirent ilz.
A sçauoir mon, dis ie, si l'amy est amy de quelque
chose, ou non ? Il fault bien, dirent ilz, qu'il soit amy
de quelque chose. Est ce, dis ie, pour l'amour & à fin
de rien, ou de quelque chose ? M E N E X. Pour l'amour
& à fin de quelque chose. S O C R. Telle chose pour
l'amour & à fin de laquelle on est amy, de quoy que
ce soit, est elle point aussi amye, ou si elle n'est amye ny
ennemye. M E N E X. Ie ne vous entends pas bien.
S O C R. Ie vous en croy, Menexene. Or pense ie que
vous & moy l'entẽdrons mieulx ainsi. Disons nous
pas que le malade est Amy amoureux du Medecin ?
M E N E X. Ouy. S O C R. Est ce pas à cause de maladie & à fin de santé, qu'il ayme le Medecin ? M E N.
Ouy. S O C R. Maladie est mauuaise. M E N E X E.
Voire. S O C R. Santé est elle bonne, ou mauuaise, ou
ne bonne ne mauuaise ? M E N E X. Elle est bonne.

                                 S O C R.

SOCR. *Nous auons dict que le Corps, lequel est Ne bon ne mauuais, deuient Amyamoureux de Medecine à cause de Maladie qui est mauuaise, & que Medecine est chose Bonne. Pour l'amour donques & à fin de Santé, Medecine trouue Amytié, car Santé est chose Bonne.* MENEX. *Il est vray.* SOCR. *Or ça, Santé, est elle Amye, ou non?* MENEX. *Amye.* SOCR. *Et Maladie Ennemye.* MENEX. *Voire.* SOCR. *Donques, ce qui est Ne bon ne mauuais, est Amyamoureux de chose Bonne, à cause de ce qui est Mauuais et Ennemy, pour l'amour & à fin de ce qui est Bon & Amy. Il y ha quelque apparence, dirent ilz. Par ainsi, dis ie, à cause de ce qui est Ennemy deuient on Amyamoureux, pour l'amour & à fin de ce qui est Amyaymé.* LYS. *Ie le pense.* SOCR. *Or Enfans, puis que le propos nous ha amenez iusques icy, prenons bien garde, ie vous prie, que n'y soyons trompez. Tout premierement ie laisse cela, assauoir, que l'amy deuienne Amy de l'amy, c'est à dire, le Pareil de son semblable, ce que nous auons dict estre impossible: mais considerons plus oultre, à fin que l'opinion presente ne nous decoiue. Nous auons dict que Medecine est Amyeaymee pour l'amour & à fin de Santé.* LYS. *Voire.* SOCR. *Santé est donc aussi Amyeaymee. Or si elle est Amyeaymee, il fault bien que ce soit pour l'amour & à fin de quelque chose.*

C LYS.

L Y S. *Voire.* S O C R. *C'eſt aſſauoir, de ce qui eſt*
Amyaymé, ſi les choſes ia confeſſees ont lieu. L Y S.
Pour l'amour & à fin de ce qui eſt Amyaymé voi-
rement. S O C R. *D'auantage, ce qui eſt Amyaymé*
eſt il point tel, pour l'amour & à fin de quelque autre
Amyaymé? L Y S. *Ouy certes.* S O C R. *Or eſt il be-*
ſoing que par tel diſcours nous venions à quelque But
& commēcement d'Amytié, oultre lequel il n'y ayt
point d'autre Amyaymé, de ſorte que toute Amytié
ſoit rapportee à vn premier & principal Amy, pour
l'amour & à fin duquel toutes choſes, Aymees ſont
Amyes, & en portent le Nom. L Y S. *Il eſt neceſſai-*
re voirement. S O C R. *Voyla à quoy ie diſois, n'a-*
gueres, qu'il nous failloit prendre garde, à celle fin
que les choſes qui ſont Amyesaymees, pour l'amour
& à fin du vray & ſeul Amyaymé, ne nous abu-
ſent & retardent comme phantoſmes & ſemblan-
ces d'iceluy. Conſiderons donc en ceſte maniere. Ce
que quelcun eſtime & tient cher, comme le pere ſon
enfant, il le prefere à toutes les autres choſes qu'il tiĕt
cheres pour l'amour de luy. Comme s'il ſcait que ice-
luy ayt beu de la Cicue, il priſera moult & aura cher
le vin dont il eſpere s'ayder en lieu de Contrepoiſon.
L Y S. *Voire.* S O C R. *Aura il pas auſſi en eſtime*
le flaſcon ou le vin ſera? L Y S. *Ouy.* S O C R. *Eſti-*
mera il plus lors vne belle couppe, ou quelques beaulx
verres

verres, que son enfant ? Certes ie pense que toute son
intention ne visera à choses quelcõques de toutes celles qui lors seront apprestees les vnes à cause des autres : mais qu'il tendra & s'arrestera seulement à ce
pourquoy tout le reste est requis. Et n'est vray sembla
ble ce que lon dict communement, que l'or & l'argent soient en estime : car estime & intention ne sont
sinon la chose seúle, pour l'amour & à fin de laquelle
l'or & l'argët est quis & amassé. L Y S. Il est vray.
S O C R. Ainsi en prent il d'Amytié : car toutes choses que nous disons Amyes, pour l'amour & à fin de
quelque Amy, sont ainsi appellees par Nom emprun-
té, veu qu'il est certain que cela est seul Amy, auquel
toutes autres Amytiez tendent. L Y S. Il le semble.
S O C R. A raison de quoy ce vray Amyaymé n'est
point Amy, pour l'amour et à fin d'vn autre Amy.
L Y S. Non certes. S O C R. S'il est ainsi cela est donc
faulx, que l'Amyaymé soit Amy, pour l'amour &
à fin de quelque autre Amyaymé. Oultreplus, ce qui
est Bon est il pas Amyaymé ? L Y S. Ouy ce me semble. S O C R. Ce qui est Bon est il pas Amyaymé à
cause de ce qui est Mauuais ? L Y S. A mon aduis
que ouy. S O C R. Mais si des trois dessusdicts, assauoir, Bon, Mauuais, & Ne bon ne mauuais, ne restoit
plus que deux tant seulement, & que tout ce qui est
Mauuais fust aboly, & osté de Nature, tellement que

il n'escheust aucunement, ny au Corps, ny à l'Esprit,
ny à autre chose quelconque de celles que nous auons
dictes estre Ne bonnes ne mauuaises de soy. Ce qui est
Bon seroit il point lors totalement inutile? veu que si
iamais riē ne nous faisoit mal, nous n'aurions besoing
d'aucune faueur ou ayde de ce qui est Bon. Et vien-
drions lors à congnoistre comment, à cause du Mal,
nous aurions quis & aymé le Bien, comme si ce qui
est Mauuais fust Maladie, & ce qui est Bon le Remede. Or n'aurions nous besoing de Remede si n'e-
stoit Maladie. Et puis vous semble il point aussi que
le Bien soit tellement proposé de Nature, que à cause
du Mal il soit aymé de nous, & que iceluy Bien ne
profite aucunement de soy? Ouy, dirent ilz, il nous le
semble. Donques, dis ie lors, ce seul & vray Amyaymé auquel tous les autres tendent, lesquels sont ap-
pellez Amys, pour l'amour & à fin de celuy, est biē
contraire & different d'iceulx. Car tous sont Amys
pour l'amour de l'amy: mais au rebours, ce vray
Amy est tel à cause de ce qui est Ennemy, comme il
est manifeste. Et n'estoit ce qui est Ennemy, il n'y auroit plus d'Amy. M E N E X. Non pas selon telle raison. S O C R. Si le Mal n'estoit plus en Nature, assauoir mon si Faim & Soif en seroient aussi abolies?
Or si aux Hommes et Animaulx, qui ne pourroient
lors estre dommagez, restoit encores quelque Faim
                                          & Soif,

& Soif, lesquels appetis ne seroient mauuais le Mal
estant totalement osté, ie demanderois voulentiers
qu'il en aduiendroit, si ie ne craingnois que tel propos
semblast digne de mocquerie. MENEX. Qui pourroit sçauoir ce qu'il en aduiendroit? SOC. Et toutesfois nous sçauons que de Faim aucunesfois aduient
Douleur, & aucunesfois Plaisir. MENEX. Voire.
SOCR. Aduient il pas aussi que celuy qui ha soif, ou
Enuie de quelque chose, desire aucunesfois son profit,
aucunesfois son dommage, aucunesfois ne l'vn ne l'au
tre? MENE. Ouy. SOCR. Si on ostoit toutes choses Mauuaises, aboliroit on aussi celles qui ne sont telles? MENEX. Nenny. SOCR. Donques les Ap-
petis resteroient Ne bons ne mauuais, encores que tout
ce qui est Mauuais fust aneanty. MEN. Il est vray.
SOCR. Est il possible de non aymer ce que lon souhaitte & desire? MENEX. Non pas selon mon iugement. SOCR. Par ainsi, combien que le Mal fust
lors du tout rasé de Nature, encores y auroit il (ce sem
ble) quelques choses aymees. MEN. Voire. SOCR.
Mais si le Mal est cause qu'vne chose est Amye de
l'autre, le Mal n'estant plus rien, ne seroit Amy: car
l'occasion ostee l'effect ne peult demeurer. MENE.
C'est tresbien dict à vous. SOCR. Auons nous pas
arresté que lon ayme quelque chose pour l'amour &
à fin d'vne autre, & que à cause du Mal cecy qui est

Ne bon ne mauuais ayme cela qui eſt Bon. MENE.
Ouy. SOCR. *Et toutesfois il ſemble maintenant que*
il y ayt quelque autre cauſe d'aymer. MENE. *Voi-*
re, il le ſemble. SOCR. *Deſir, comme nous diſions*
n'agueres, eſt il point cauſe d'Amytié? & qui deſire
eſt il pas Amy de la choſe deſiree? Parquoy tout ce
que nous auons dict iuſques à preſent, touchãt Amy-
tié, ſont ce pas pures Reſueries, comme quelque Farce,
ou Sottie, ou autre ſemblable Poëtique inuention bien
longue? MENEX. *On le diroit.* SOCR. *Quicon-*
ques deſire, il deſire ce dont il ha Indigẽce. MENE.
Voire. SOCR. *L'indigent donques eſt Amyamou-*
reux de ce dont il ha faulte. Or eſt il ainſi que chaſ-
cun ha faulte de ce dont il eſt priué. MENEX. *Qui*
en doubte? SOCR. *Par ainſi, Menexene, & vous*
Lyſis, Amour, Amytié, Deſir, ſont touſiours de ce
qui eſt Propre & Appertenant. Nous le confeſſons,
dirent ilʒ. Dõques, dis ie, ſi vous eſtes Amys il fault
bien que ſoyez aucunement prochains, & apperte-
nans l'vn à l'autre. Auſſi ſommes nous, dirent ilʒ.
Et qui deſire, ou ayme autruy, dis ie, par ce le cherit il
& ayme qu'il luy eſt Prochain & Appertenant,
ſelon l'eſprit ou eſtude d'iceluy, ou ſelon les mœurs
& façons de faire, ou bien ſelon la face, autrement
iamais ne l'aymeroit. Menexene s'y accorda, mais
Lyſis ne diſt pas vn mot. Adõc ie dis: Puis qu'il fault
neceſſ

neceſſairemēt que nous aymions ce qui eſt de Nature
Propre,c'eſt bien raiſon qu'vn legitime,& non point
faulx Amant,ſoit ſemblablemēt aymé de ceulx leſ-
quels il ayme. Auquel propos, Lyſis,& Menexene,
à peine voulurent conſentir : mais Hippothales, de
l'aiſe qu'il en eut,changea tout de couleur. Or auois ie
Intention d'vn petit mieulx deſduyre le propos , &
leur dis en ceſte maniere : O Lyſis, & Menexene,
S'il y ha difference entre ce que nous diſons Propre,
& ce qui eſt Semblable, nous auons trouué au vray
que c'eſt qui eſt Amy. Mais ſi Propre & Semblable
ſont tous vn,conſiderez que ce n'eſt choſe aiſee reiet-
ter & racler ce poinct par lequel il ha eſté dict que
le Pareil eſt inutile à ſon Semblable : & que en tant
qu'il luy eſt inutile, iamais ne luy peult eſtre Amy.
Toutesfois puis que nous ſommes deſia côme preſque
yures & eslourdis de tant de diſputes & parolles,
voulez vous que nous confeſſions,que ce qui eſt Propre eſt autre que cela qui eſt Semblable? Nous le voulons bien,dirent ilz. Mettrons nous,dis ie,que ce qui
eſt Bon à vn chaſcun luy ſoit Propre? & au contraire
ce qui eſt Mauuais, Aliene & Eſtrange, ou que le
Bon ſoit Propre au Bon , le Mauuais au Mauuais,
& le Tiers au Tiers, aſſauoir, ce qui eſt Ne bon ne
mauuais? Il nous ſemble, dirent ilz,que telles choſes
ſont propres les vnes aux autres. O Enfans, dis ie,

nous retournons donques de rechef aux mesmes propos que au commencement nous auions nyez & re-
iettez : car le Meschant ne seroit pas moins Amy du
Desloyal, ou le Maling du Mauuais, comme le Bon
seroit du Iuste. Il le semble, dirent ilz. Mais si nous
disions, dis ie, ce qui est Bon & cela qui est Propre ne
estre qu'vn, le Bon seroit il pas seulement Amy du
Bon? Ouy certes, dirent ilz. Mais nous l'auons desia
nyé, dis ie, vous en souuient il pas? Ouy bien, dirent
ilz. Quels propos donques, dis ie, tiendrons nous desormais pour ne trouuer rien de certain? Or comme les
Sages ont de coustume faire en leurs consultations re-
courons vn petit tout le discours que nous en auons
faict. Si donques les Amäs ny les Aymez, les Semblables ny les Contraires, ny de toutes autres choses
qu'ayons dictes, dont à cause de la multitude ie ne suis
bonnement records, rien qui soit ne peult auoir le nom
d'Amy : Ie ne vous scaurois plus qu'en dire. Quand
i'euz ce dict, ie pensois bien interroguer quelcun des
grands : mais les Pedagogues de Lysis, & Menexene, comme si c'eussent esté quelques Demons ou Es-
prits familiers, leur commanderent alors qu'ilz s'en
retournassent à la maison auec leurs Freres, car il
estoit heure de vespres. Ausquels commandemens,
nous autres qui estions là assemblez, voulumes de pri
me face resister, en reboutant & empeschant iceulx
Peda

Pedagogues de ce faire, mais ilz ne tindrēt pas grād
compte de nous ny de noz parolles : ains estans des-
pits de ce, mourmonnerēt contre nous ie ne scay quoy
en leur pattois, & appellerent les Enfans. Dont nous
vaincuz par leur importunité fusmes contrainɗs leuer le siege, & rompre la Compaignie aussi, par ce
qu'il sembloit que les autres enfans n'eussent pas grād
propos à nous communiquer pour l'heure, à cause de
la feste à laquelle ilz s'estoient totalemēt addonnez.
Finablement, comme desia Menexene & Lysis s'en
alloient, ie leur dis ainsi : O Menexene, & Lysis,
Auiourd'huy nous sommes nous bien monstrez sots
& mocquables, tant ie qui suis ia Aagé, que vous
qui estes encores Enfans. Dont ceulx cy ne fauld-
dront à se gaudir de nous, qui nous tenons
& estimons Amys (Ie me mets du
nombre auec vous) Toutesfois
que n'ayons encores trou-
ué au vray que c'est
qu'Amy.

*

F I N.

CONTENTEMENT.

QVESTE D'A-
MYTIÉ, A LA
ROYNE DE NA-
VARRE.

*

Leur Diuine
Muse digne,
Fauorisez par pitié
A la veine
Foible & vaine,
Qui va querant Amytié.
    Vostre face
De sa grace
La peult rendre seurement,
De Sterile
Prou fertile
Par vn regard seulement.
    Si mon Style
Inutile
Sent vn coup vostre faueur,
Ie ne doubte,
Qu'il ne gouste
D'amytié quelque saueur.
    Ou est elle
La plus belle
De mes Dames les vertuz ?

                                    Dont

Dont la vie
Viuifie
Maints cueurs par mort abbatuz.
   O Dryades,
Oreades,
Faunes,Tritons,Demydieux,
Pierides,
Nereïdes,
Eſt elle point en voz lieux?
   Ie vous prie,
Qu'on eſpie
De quel' part elle viendra:
Et qu'on voye
Quelle voye
L'amyeaymee tiendra.
   Si elle erre
Par ſus terre,
Voyons ſa grand' priuauté:
Ou qu'on ſache,
Qui la cache
Deſſoubs Ferme loyaulté.
   Ie y prens garde,
Et regarde
Deux Amans,dont l'vn en cueur
N'a que larmes,
Et alarmes,

                  Veu

Veu de l'autre la rigueur.

Ha, ou Hayne
L'inhumaine
Veult tenir son contrepoinct,
Il s'abuse,
Qui y muse,
Car la Nymphe n'y est point.

Les Semblables
Accointables
L'ont, possible, en leurs quartiers:
Tels, ce semble,
Sont ensemble,
Amys loyaulx & entiers.

Mais la teste,
Qui se creste
De semblable Mauuaistié,
Essoreille
Sa pareille,
Qui n'est signe d'Amytié.

Ny Fainctise
Qui aguise
La Mensonge à faulseté,
Ny follie
Qui s'allie
D'imprudence, ou lascheté.

La personne

Sage & bonne,
Qui peult de soy prendre soing,
N'a que faire
De se traire
Vers son Pareil au besoing.
  Tels n'aduisent,
Ou peu prisent
L'vn de l'autre le pouuoir:
Dont se partent,
Et escartent
Sans Amytié conceuoir.
  Mais encore,
Nul n'ignore
Ce qu'on voit de iour en iour,
Comme Enuie
L'ennemie
Entre Pareils faict seiour.
  Dont i'estime
Qu'en estime
Amytié là ne seroit:
Tournons bride,
Car ie cuyde
Que deca conuerseroit.
  Vn Contraire
Tasche attraire
L'autre, lequel luy default:

Chose

Chose Seiche
Ayme & lesche
Humeur, & le froid le chauld.
Accointance,
Non obstant ce,
N'est en Contrarieté,
Qu'on ne disse
Que Malice
Fust l'amye de Bonté.
Que sera ce,
Puis que trasse
Ne ça, ne là, n'en trouuons?
C'est merueille,
Ie conseille
Qu'ailleurs chercher la deuons.
Chose Tierce,
Donques quiert ce
Qui est Bon, propre, & duysant,
Quand contraincte,
Ou attaincte
Se sent du Mal trop nuysant.
Et s'asseure
De bonne heure
De tel remede & secours,
Ains que vice
La rauisse

Hor

Hors de son naturel cours.
    Ie croiroye
Que la proye
Ne seroit pas loing d'icy:
Car ie treuue
Par espreuue,
Que le Bon est Beau aussi.
    Or est telle
Beauté, qu'elle
Ne peult qu'aymee ne soit:
Car sa grace,
Coulant, passe
En tout cueur qui l'appercoit.
    Ce Tiers, donques,
Ne fut onques
Sans estre du Bien Amy:
Veu l'ordure,
Et laidure
Du Mal son grand Ennemy.
    Le malade
Foible & fade
De la fiebure dont il ard,
En souspire,
Et desire
Le Medecin & son art.
    Ignorance

Tant

Tant nous tanse,
Qu'elle nous contrainct vouloir
Sapience,
Dont l'absence
Nous faict errer & douloir.
　　Pour laquelle
La Sequelle
Des beaulx escripts plantureux
Est requise,
Et comprise
De ses Amyamoureux.
　　Mais quand l'homme
Dort & chomme
D'ignorance au grand portail,
Tant s'atterre,
Que sur terre
Ne sert que d'espouuentail.
　　Chose Amye
Est cherie,
Pour quelque Amy estimé:
Et fault dire
Qu'on aspire
A vn seul Amyaymé.
　　Vers tel Sire
Se retire
Le Tiers, à fin d'estre heureux,

Pour

Pour l'oppreße
Dont le preße
Le Mal rude & dangereux.
　　Non faict certes,
Car ſi Pertes,
Maulx, & Perils n'eſtoient plus,
Tant qu'Enuie
Auroit vie
On aymeroit le ſurplus.
　　I'entends ceſte
Qu'on accepte
Au tiers reng des appetis:
Non point cell:
Tant Cruelle
Enuie qu'ont les chetifs.
　　Ainſi donques,
Qui adonques
Enuie, ou deſir, auroit,
Chaſcun iuge
Qu'au refuge
Diſette le chaſſeroit.
　　Or Diſette
Touſiours iett:
L'œil vers le Bien qu'elle auoit:
Et regrette
La Pourette

d　　　Ce

Ce dont priuee se voit.
   O Princesse!
La Deesse
Tant quise, seroit bien là:
Somme toute,
Ie me doubte
Que ceste Garcette l'a.
   Elle prie,
Elle crie
Iusqu'a souuent se pasmer:
Mais ie pense
Qu'en presence
N'a reconfort que d'aymer.
   Tant Constante,
Et ardante
Est en l'amour de l'Amy,
Qu'elle ha craincte
D'estre Faincte,
Ou de n'aymer qu'a demy:
   Et est telle
L'eternelle
Flamme d'amour, dont elle ard,
Qu'elle auouë,
Ayme, & louë
Toute chose de sa part,
   Toute chose

Se propose
A aymer qui ayme bien:
Ce qu'icelle
Iouuencelle
Faict tout pour l'amour du sien.
   Ses voysines,
Et cousines
Ha moult cheres, mesmement
Ses prochaines
Sœurs germaines,
Qui ayment pareillement.
   Or, la Belle,
Voyant qu'elle
N'a de soy que la moytié,
Se contente,
Soubs l'attente
De sa parfaicte Amytié.

Arrestez vous, ô petis vers courantz,
Et merciez Amytié, & la Dame,
Dont vous tenez, si n'estes ignorantz,
Tout quant qu'auez, le corps, l'esprit, & l'ame.

F I N.

DV VOYAGE DE
LYON A' NOSTRE DA-
ME DE L'ISLE.
1539.

A Monsieur le Lieutenant pour le Roy
Iean du Peyrat, à Lyon.

*

Ce passetemps, qu'au lieu du Roy prenois
En son Batteau, au voyage de l'Isle,
Noble Peyrat lieutenant Lyonnois,
Soubs de Francoys la main franche & gentile:
Combien qu'il soit pourtraict d'vn menu style,
Si ay ie espoir que ta main qui addresse
De ce Lyon la fureur & simplesse,
Et qui desia resemble aucunement
A sa loyalle & humaine maistresse,
D'humanité souueraine Princesse,
Le pourra prendre encor humainement.

IE ne doibs
Et ne vouldrois,
O du doulx May le Quinziesme,
Tant anobly,
En oubly
Mettre ta Beauté supreme.
Hamadryades,

Drya

Dryades,
Vous leurs ioyeux Oyseletz :
Hymnides,
Et Nereïdes
Inuentez chantz nouueletz :
　　Pour m'ayder
A recorder
Celle ioye solennelle,
Que reseruez,
Et auez
En cure perpetuelle.
　　Distant la Saone.
Du Rosne
Vne lieuë, ou enuiron,
Est l'Isle,
L'isle gentile
Dedans son moyte giron:
　　Ou l'Enfant
Tant triumphant,
Par sa mort trop plus qu'amere,
A des Autels
Immortels
Pour Soy, sa Grand, & sa Mere.
　　Là sa notoire
Memoire,
Quand l'annee ha faict le tour,

　　　　Annon

Annonce
La grand' femonce
De fon Celefte retour.
　Lors Lyon
Plus qu'Ilion
En toute forte admirable,
Faict fon deuoir
De reuoir
Ce fainct Temple Venerable.
　L'aube vermeille
Refueille
Du vert Rofier les iettons,
Rofee
S'eft ia pofee
Autour des petis Bouttons.
　Le beau iour:
A Dieu feiour,
Demourez, vous, & les voftres,
Pour en ce lieu
Dire à Dieu
Voz dixains & patenoftres.
　Les Lyonnoifes
Bourgeoifes
Prennent Cotte, & Corcelet,
Hufchees,
Et refueillees

Par

Par le doulx Roßignolet.
　Maint Batteau
Eſt deſſus l'eau,
Qui les attend, & ne bouge:
L'vn eſt couuert
Tout de vert,
L'autre tapiſſé de rouge.
　La Saone lente,
Fort gente
S'en tient, mais en bel arroy,
Encore
Plus la decore
Le noble Batteau du Roy.
　Roy Francoys,
Qui des Francoys
Semble Fundateur antique,
Veu de ſon nom
Le renom,
Et l'effect plus Autentique.
　Peuple Amyable,
Feable,
Le grand bien que Dieu t'a faict!
De naiſtre
Pour viure, & eſtre
Soubs vn Prince tant parfaict.
　Gens heureux,

Sur tous les vœux,
De Sainſteté deſireuſe
Sacrifiez,
Et priez
Pour ſa Santé valeureuſe.
   Ia la Bazoche
S'approche,
A fin qu'au Batteau paré
Sa Bende
Bleuë ſe rende,
Deſſoubs le Lys honnoré.
   Plus de cent
De ſainſt Vincent,
En toute façon gourriere,
Vont regardans,
Et gardans
Leur belle & ample Baniere.
   L'imprimerie
Cherie
Des Muſes, comme leur Sœur,
Plus graue
Beaucoup, que braue,
Y porte Amour & doulceur.
   Que de gens
Miſtes & gents!
Tous ceulx cy s'en vont par Vaiſe,

             Moult

Moult gracieux,
Et ioyeux,
Dieu les maintienne en tel aise.
     Ca, viennent elles
Les Belles?
Car Monsieur le Lieutenant
Arriue
Ia sur la riue,
Et veult partir maintenant.
     Or venez
Dame, & prenez
Loing du chauld hasle, icy place:
Car s'il attainct
Vostre tainct,
Il en estaindra la grace.
     Mes Dames fresches,
Les flesches
D'Apollo ne vous nuyront:
De celles
D'Amour cruelles,
Ie ne scay qu'elles feront.
     Sus, allons,
(Si nous voulons)
Tandis que la frescheur dure:
Le plaisant lieu:
He mon Dieu!

Qu'il faict bon veoir ta verdure.
   Toute la plaine
Est pleine
D'hommes & femmes marchants:
A dextre,
Et à senestre
Oyez des Oyseaulx les chants.
   Oyez vous?
Ce bruyt tant doulx
Decliquer de la gorgette
Du Geay mignot,
Du Linot,
Et de la frisque Alloette:
   Lesquels nous rient,
Et crient
Que chanter deuons aussi.
O cures
Vaines, & dures,
Nous vous lairrons donc icy.
   Vien Soulas
Nous rendre las
De Passetemps & Plaisance:
Sus, chantons tous.
Dirons nous
Le Content, ou Iouyssance?
   Chantons en vne:

                Fort

Fortune.
Doulce memoire, à loysir.
Et voire,
Doulce memoire,
Auant, ou Pour vn plaisir.
  Papillons,
Et Oysillons
Voletans par la Montaigne:
Les tant follets
Aignelets
Sautelans en la Campaigne.
  Chascun conuoye
La ioye
Des Lyonnois, que Dieu gard:
Les Bestes
Dressent leurs testes,
Pour en auoir le regard.
  Les Poissons
Viennent aux sons
Des Rebecs, & Espinettes,
Et loing du fond
De l'eau, font
Petites gambadelettes.
  Les tant honnestes
Brunettes
Nymphes, de Bacchus prochain

                              Suy

Suyuies
S'en font fuyes
Là hault, pour veoir tout le train.

   Et Ceres
Se tient expres
Pres des Paſſans, file, à file:
Pour iceulx veoir,
Et ſçauoir
Des nouuelles de ſa fille.

   De cueur, & veuë
Saluë
Petis, Grands, & Grandelets:
Dont telle
Eſt la ſequelle
Que de vous, mes Verſelets.

   Ce vert Pré
Plus Diapré
Que les haults chefz des Princeſſes,
Bien vouldroit
Qu'en tout endroict
On luy pillaſt ſes richeſſes.

   Voyez ia l'Isle
Fertile
_____, & là hault au bois
___ branches
Vertes, Fleurs blanches

                 Qui

Qui escoutent les Aubois.

   Menestriers
Soubs ces noyers
Sonnent à toute puissance,
Tant aux Passans,
Qu'aux Dansans,
Commune resiouyssance.

   O Compaignie
Fournie
De miliers, tant qu'il souffit:
Benie
Sois, & ynie
En Celuy là qui te feit.

   Qui ira,
Il se perdra
Par ceste presse incertaine:
N'ayez esmoy,
Suyuez moy,
Ce dict nostre Capitaine.

   Chascun contemple
Ce Temple
Dont part la Procession:
Priere
Briefue, & entiere,
Faisons y d'affection.

   Attendons,

                            Et re

Et regardons
Vn petit ceste assemblee
De Compaignons,
De Mignons,
Et de Dames redoublee.
   Ces iolyettes
Fillettes,
Que Villageois vont menans,
S'assemblent
Toutes, & tremblent
D'ouyr les Canons tonnans.
   Au circuyt
De tel desduyt
La Saone son Rosne oublie,
Pour s'esiouyr
A ouyr
La gent sans melancolie.
   Oncques Riuiere
Si fiere
Ne se feit tant estimer,
Il semble
Qu'elle ressemble
(Veu son Isle) à la grand' Mer.
   Et ses beaux
Coulans Batteaux
Chargez, non de Marchandises:

Mais

Mais de Beautez,
De Bontez,
De Graces, & Gallantises.
   A telle Feste
S'appreste
Le Dieu de ioye, & de pleurs,
Des aesles
Toutes nouuelles
Faictes de roses & fleurs.
   Le Friand
S'en va riant:
Mais de nuyre ne se soule:
Il se gaudit,
Et brandit
Ses Flammes parmy la foule.
   Il donne maintes
Attainctes
Aux poures cueurs esgarez:
Il poulse
D'arc, & de trousse
Les Pensers mal asseurez.
   Soubs tes ris
Doulx & cheris
Lances tu Douleur amere,
Cruel Amour?
Au retour

Nous

Nous le dirons à ta Mere:
Qui en tristeße
Sans ceße
Te va cherchant de ses yeux
Par Hayes,
Prez, & Saulsayes,
Et par Spectacles ioyeux.
Si hardy:
Car ie vous dy
Frere, que telle entreprinse,
(S'il l'appercoit,
Ou qu'il soit)
Se verra bien tost surprinse.
Tel le menace
D'audace,
De qui poßible le cueur
L'estime
Son legitime,
Et inuincible Vaincueur.
Tel fuyr,
Mais bien hayr
Le cuyde, qui le pourchaße:
Tel l'est chaßant,
Et poulsant
Au loing, qui de pres l'embraße.
A Dieu Sicile

Dy i

(Dy ie) Isle,

Autre Sicile en chaleur:

Ta grace

(Certes) la passe

De gentillesse, & valeur.

   Sotz Esbatz,

Cruelz debatz,

A tant heureuse Iournee

Ne faictes telz

Ieux mortelz,

Que vous feistes l'autre annee.

   La main Lorraine

Humaine

Met cy son Chappeau muny

De grosse

Pesante Crosse,

Prinse en son Noble Cluny.

   Ou es tu

Prince en vertu

Tant parfaict? Soixante mille

Seront tesmoings

(Pour le moins)

De l'honneur de ta Famille.

   Mais, à tant monte

Le Compte,

Que de Phœbus sans doubter,

La veuë

          e   Claire

Claire & aguë
S'esblouyt à les compter.

Nous irons
Delà (ferons ?)
En vn Iardin de plaisance,
Ou trouuerons,
Et verrons
Des Dames à souffisance.

Ces Violettes
Seulettes
En leurs luysantz assiquetz,
Se mirent
Et se desirent
Veoir conioincles en bouquetz.

Le Rosier
Rid du Fraisier,
Qui tout au rebours agense
Dessus son fruict
Meur & cuict
Ses rouges grains de Semence.

La Marguerite
Petite
Aupres de la grand' se tient:
Et celle
Iennette belle
Soubz le blanc Lis croist, & vient.

O Soucy,

Que

Que fais tu cy?
Si ton tainct est desolable,
Las, c'est Amour,
Qui de iour
Te painct ainsi miserable.
　　De ces friandes
Viandes
N'est besoing tant se souler:
Prou face,
Voyons en place
Les belles Dames baller.
　　C'est assez,
O yeux lassez,
De Beauté trop sadinette
Veuë en ce lieu.
Or à Dieu
Corydon, & sa Brunette.
　　La voye approche
La Roche
Place de grand' propreté,
Iust digne,
Francoys insigne
Y auez vous point esté?
　　Là, Albert
Ouurier expert
Du Roy en Musique haultaine,

e　2　　Aues

Auecques sons
De chansons
Ha Sacré vne Fontaine.
     Dont on dict, qu'elle
S'appelle
L'albertine proprement:
Camuse,
Que ceste Muse
Te seruiroit loyaument.
     Fascheux Soing,
Qui de tout loing
Nous rappelles à la Ville:
I'aymerois mieulx
De ces lieux
L'air, que ton vmbre ciuile.
     O bienheuree
Seree,
Trop soudaine à faire honneur:
Et suyure
Le iour, qui liure
Tant de liesse & Bonheur.

Retirez vous petis Vers mistes
A seureté, soubz les Couleurs
De Celle, dont (quand estes tristes)
L'espoir appaise voz douleurs.
      TOVT A VN.

A' Iane, Princesse de Nauarre.

Vn iour de May, que l'Aube retournee
  Refraischissoit la claire Matinee
  D'vn Vent tant doulx, lequel sembloit semondre
  A prendre l'heure ains que se laisser fondre
  A la chaleur du Soleil aduenir
  Ie me leuay, à fin de preuenir,
  Et veoir le poinct du temps plus acceptable
  Qui soit au iour de l'Esté delectable.
Pour donc vn peu recreer mes Espritz,
  Au grand Verger, tout le long du pourpris,
  Me pourmenois par l'herbe fresche & drue,
  Là ou ie veis la rosee espandue,
  Et sur les choulx ses rondelettes gouttes
  Courir, couler, pour s'entrebaiser toutes:
  Puis tout soudain deuenir grosselettes
  De l'eau tombee à primes goutelettes
  Du Ciel serain : Là veis semblablement
  Vn beau Laurier accoustré Noblement
  Par Art subtil, non vulgaire, ou commun,
  Et le Rosier de Maistre Iean de Meun,
  Ayant sur soy mainte Perle assortie,
  Dont la valeur deuoit estre amortie
  Au premier ray du chauld Soleil leuant,
  Qui ia taschoit à se mettre en auant.

e 3   Le

Le Roßignol (ainsi qu'vne buccine)
　Par son doulx chant faisoit au Rosier signe,
　Que ses Bouttons à Rosee il ouurist,
　Et tous ses Biens au beau iour descouurist
　L'Aube duquel auoit couleur vermeille,
　Et vous estoit aux Roses tant pareille,
　Qu'eußiez doubté si la Belle prenoit
　Des Fleurs le tainct, ou si elle donnoit
　Le sien aux Fleurs plus beau que nulles choses:
　Vn mesme tainct auoient l'Aube, & les Roses,
　Vne rosee, vn mesme aduenement,
　Soubz d'vn clair Iour le mesme aduancement,
　Et ne seruoient qu'vne mesme Maistreße:
　C'estoit Venus la mignonne Deeße,
　Qui ordonna, que son Aube, & sa Fleur
　S'accoustreroient d'vne mesme couleur.
Poßible außi, que (comme elles tendoient
　Vn mesme lustre) ainsi elles rendoient
　Vn mesme Flair de perfum precieux:
　Quant à cestuy des Roses, gracieux,
　Que nous touchions, il estoit tout sensible:
　Mais celuy là de l'Aube, intelligible
　Par l'air espars ça bas ne paruint point.
Les beaulx Bouttons estoient ia sur le poinct
　D'eulx espanir, & leurs aesles estendre,
　Entre lesquelz l'vn estoit mince & tendre,

　　　　　　　　　　　　　　Encor

Encor tapy deſſoubs ſa coeffe verte:
L'autre monſtroit ſa creſte deſcouuerte,
Dont le fin bout vn petit rougiſſoit:
De ce Boutton la prime Roſe iſſoit:
Mais ceſtuy cy demeslant gentement
Les menuz plis de ſon accouſtrement
Pour contempler ſa charnure refaiſte,
En moins de rien fut Roſe toute faiſte:
Et deſploya la Diuine denree
De ſon pacquet, ou la graine Doree
De la Semence eſtoit eſpaiſſement
Miſe au milieu, pour l'embelliſſement
Du Pourpre fin de la fleur eſtimee,
Dont la Beauté, n'agueres tant aymee,
En vn moment deuint ſeiche & bleſmye,
Et n'eſtoit plus la Roſe que demye.
Veu tel meſchef me complaingnis de l'aage,
Qui me ſembla trop ſoudain, & volage,
Et dis ainſi: Las, à peine ſont nees
Ces belles Fleurs, qu'elles ſont ia fennees.
Ie n'auois pas acheué ma complainſte,
Que incontinent la Cheuelure painſte,
Maintenant veuë en la Roſe excellente,
Tomba auſſi par cheute violente
Deſſus la terre, eſtant gobe & iolie
D'ainſi ſe veoir tout à coup embellie

c 4　　　Du

Du tainct des Fleurs cheutes à l'enuiron,
Sur son chef brun, & en son vert giron:
Mais la Rosee (encor) les luy souilloit:
Car le Rosier que le Iour despouilloit,
Veu l'accident de si piteux vacarmes,
La distilloit en lieu d'ameres larmes.
Tant de Ioyaux, tant de Noueautez belles,
Tant de Presens, tant de Beautez noueelles,
Brief, tant de Biens que nous voyons florir
Vn mesme Iour les faict naistre, & mourir:
Dont nous Humains à vous, Dame Nature,
Plaincte faisons de ce que si peu dure
Le port des Fleurs, & que de tous les dons,
Que de voz mains longuement attendons
Pour en gouster la iouyssance deuë,
A peine (las) en auons nous la veuë.
Des Roses l'aage est d'autant de duree,
Comme d'vn Iour la longueur mesuree,
Dont fault penser les heures de ce Iour
Estre les Ans de leur tant brief seiour
Qu'elles sont ia de Vieillesse coulees,
Ains qu'elles soient de Ieunesse accollees.
Celle qu'hyer le Soleil regardoit
De si bon cueur, que son cours retardoit,
Pour la choisir parmy l'espaisse nuë,
Du Soleil mesme ha esté mescongneuë

                                        A ce

A ce matin, quand plus n'a veu en elle
Sa grand' Beauté, qui sembloit Eternelle.
Or, si ces Fleurs de graces assouuyes
Ne peuuent pas estre de longues vies,
(Puis que le Iour, qui au matin les painct,
Quand vient le soir leur oste leur beau tainct,
Et le Midy qui leur rid les rauit)
Ce neantmoins chascune d'elles vit
Son Aage entier. Vous donc Ieunes fillettes,
Cueillez bien tost les Roses vermeillettes
A la rosee, ains que le temps les vienne.
A deseicher: Et tandis vous souuienne,
Que ceste vie, à la mort exposee,
Se passe ainsi, que Roses, ou Rosee.

Epistre, A ma Dame Marguerite, fille du Roy de France.

Heureuse Fleur de franche fleur issante,
Fleuron Royal, Marguerite croissante,
Qu'attendez vous du poure Dedalus?
Qu'attendez vous? voulez vous des Salutz
Vn milion? vrayment vous en aurez,
D'or ne seront, toutesfois, ny durez,
Ce nonobstant qu'ilz soient prins au profond
Du bon thresor, ou les meilleurs se font,
Qui est le cueur, le cueur de moy, prou riche

e 5   En

En tel auoir, dont iamais il n'est chiche.
Salut vous doint Celuy qui seul le peult,
Et sans guerdon sauue celuy qu'il veult:
Salut vous doint le Pere par son Filz,
Oultre lequel n'est nul salut prefix:
Salut vous doint Cil qui voulut sauuer
Tous les perduz, & sceut Salut trouuer:
Salut vous doint Celuy qui sauue l'homme
Bien mieulx gratis, que par argent à Romme:
Salut vous doint Celuy qui mort souffrist,
A celle fin que salut nous offrist:
Salut vous doint, mille fois soit il dict,
Celuy qui seul ha de Salut credit.
Ay ie faulsé ma foy à vous promise?
Ces Salutz là sont ilz de bonne mise?
S'ilz ne sont bons ie les vous changeray,
Et bien soudain d'autres en forgeray,
Ou faulsement contre Iustice & Loy
Auec l'or pur meslerons d'autre alloy:
Mais ie suis seur que vous vous contentez
Bien de ceulx cy, sans que vous me tentez,
Et essayez pour vous en contrefaire
De ceulx desquelz on n'a pas grand affaire.
Or ie vouldrois bien scauoir & entendre,
Qui vous esmeut vostre largesse estendre
Par deuers moy, qui vous suis incongneu,

Et dont

Et dont iamais ne vous est aduenu
Seruice aucun? Ha, i'entends vostre entente,
Vous aymez tant & tant la vostre Tante,
Que tout cela qu'estre à elle scauez,
(Pour l'amour d'elle)en grand' amour auez :
Dont quand ce vint qu'ouystes le propos,
Que de santé n'estoit plus au repos
Le sien seruant nommé Bonauenture,
Pour luy vn don de doulce confiture
Donnastes lors à Frotté, secretaire,
(Lequel ne peult des cieulx le secret taire)
Qui tost à moy, de par vous, l'apporta.
Lors vostre nom tant me reconforta,
Que si i'ay faict de guarir bon deuoir,
Ce ha esté plus tost pour vous reueoir
Que pour tascher estre long temps en vie,
Car autrement n'en auois nulle enuie :
Et puis aussi pour crainte de soubstraire
(Par Mort qui scait tout à sa corde attraire)
A vostre Tante vn seruant si fidele,
Qui ayme tant l'honneur & profit d'elle,
Qu'il se vouldroit soymesmes oublier
Pour le Renom d'icelle publier,
Ce qu'il ne peult, veu qu'il est si notoire
Qu'il n'est besoing que langue ou escriptoire
S'empesche ia pour cuyder entreprendre

A icel

A iceluy vouloir son vol apprendre,
Car il est tel, son Renom, en tous lieux,
Qu'il est congneu voire mesmes des Dieux.
De Nom, d'Esprit, la nous representez,
Et ses vertus de si trespres hantez,
Que nostre Espoir ha prou cause & matiere
S'il dict qu'en vous la doibt veoir toute entiere:
Car vous aymez, tout ainsi qu'elle faict,
Toute vertu, & hayez tout malfaict:
Beaucoup prisez, tout ne plus ne moins qu'elle,
La Poësie, & toute sa sequelle,
Qui est scavoir, & science anoblie,
Qui ne permet qu'on ignore ou oublie
Chose qui soit qu'intelligence humaine
Dedans le cloz de l'entendement maine.
A cause d'elle eustes donc souuenance
(Ie n'y voy point nulle autre conuenance)
Du Dedalus, quand maladie, las,
Dernierement l'auoit prins en ses las,
Dont il est hors prest à ruer l'enclume,
Loué soit Dieu, & desia se remplume
Pour s'en voler, s'il vous plait commander,
En quelque lieu que les vouldrez mander.
Volera il aux faicts des Hesperides?
Irà il veoir que font les Nereïdes?
Voulez vous bien qu'il vole oultre les Cieulx

                                   Pour

Pour espier si tant est soucieux
(Comme lon dict) Iuppiter de ce monde?
Descendra il là bas au Regne immunde,
Que tient Pluton auecques Proserpine
Trop enrichiz par Mort & sa rapine?
Il volera par le trou Dauernus,
Dont nulz Oyseaulx ne sont point reuenus,
Et s'en ira aux champs Elisiens
Si vous voulez, pour veoir les Anciens:
Ou s'il vous plait que mieulx son vol espreuue
Il volera iusques en terre neufue:
Neufue ie dis, que trouuee on n'a point,
Pour racompter les mœurs de poinct en poinct
De ces Enfans, viuants en vraye enfance,
A Dieu soyez noble Fille de France.

A' Clement Marot, Pere des Poëtes
Françoys.

Mon Pere,
I'ay veu mon Frere
Accoustré mignonnement,
Que ie m'en taise
De l'aise
Ie ne pourrois bonnement.
Il passe
De telle grace

Les

Les cuydans luy ressembler,
Que mainte Muse
S'amuse
A le souuent contempler.
  Son style
Coulant distille
Vn langage pur & fin,
Dont sont puysees
Risees
Ou lon se baigne sans fin.
  La Tante
Tant florissante
S'en contente desormais,
Sa Renommee
Nommee
En sera à tout iamais.
  Enuie
Iour de ma vie
Ne luy portay en mon cueur:
Ne scay à quelle
Querelle
Il me tient tant de rigueur,
  De dire,
Qu'il marche & tire,
Tout oultre au plus pres de moy,
Sans qu'il me rie,

                                        Ne

Ne die
Mot, dont ie suis en esmoy.
    Fortune
Tant importune
Faict donc qu'on ne mest plus rien
Par Calumnie,
Qui nie
Au poure Innocent le Sien.
    Vray Iuge,
Certain refuge
D'innocence en tout endroict,
Tien toy en contre,
Remonstre
Aux Ignorans mon bon droict.

Le Blason du Nombril. A Iean des Goutes, Lyonnois.

Petit Nombril, milieu & Centre,
    Non point tant seulement du ventre,
    Entre les Membres enchassé,
    Mais de tout ce Corps compassé,
    Lequel est Souuerain Chef d'œuure,
    Ou naifuement se descœuure
    L'art de l'ouurier qui l'a orné,
    Comme vn beau Vase bien tourné,
    Duquel tu es l'acheuement,

                                    Et le

Et le bout, auquel proprement
Celle grand' Chaine d'or des Dieux
Tenant au hault Nombril des Cieulx
Fut puis par iceulx attachee,
Et petit à petit laschee,
En auallant ça bas au monde
Leur Poupine tant pure & munde,
Qui leur donna, comme i'entends,
Cent mille petis Passetemps
Auant qu'elle fust descendue,
Et des cieulx en terre rendue,
Au reng de ses predecesseurs,
Et au beau milieu de ses Sœurs
Les Vertus & Graces benignes.
Petit Neu, qui des mains Diuines
Apres tout le reste parfaict
As esté le fin dernier faict,
Et manié tout freschement,
Duquel tresheureux touchement
La doulce Memoire recente
Tant te satisfaict & contente,
Qu'a peine à ton plus grand Amy
Te veulx tu monstrer à demy,
Ains te retires tellement
Que tu ne parois nullement
De peur que pollu tu ne sois

Si l'humain touchement reçois
Qui en toy le Diuin efface.
Petit Quignet, retraict, & place
De souueraine Volupté,
Ou se musse la voulenté
De chatouilleuse iouyssance,
Qui aux conuis d'auantnaissance
Seruis de Bouche au petit Corps,
Lequel ne mangeoit point pour lors,
Ains par toy succoit doulcement
Son delicat nourrissement,
Dont le petit Poupin croissoit
A mesure qu'on le trassoit
Au flan gauche de la matrice.
O l'ancienne Cicatrice
De la rongneure doloreuse,
Que Deité trop rigoreuse
Feit iadis au poure Homisenin,
Animal sans fiel, ne venin!
Lequel, contre toute pitié,
Fut diuisé par la mytié,
Et faict d'vn Entier tant heureux
Deux demys Corps trop langoreux,
Qui depuis sont tousiours errans,
Et l'vn l'autre par tout querans
En grand desir d'eulx reünir,

f   N'estoit

N'estoit le honteux souuenir
De la Diuine cruaulté,
Qui, nonobstant leur loyaulté,
Les vient si fort esfaroucher,
Qu'ilz ne s'oseroient approcher
Pour rassembler leur Creature
Quand ilz se trouuent d'aduenture,
Sinon quelque fois en secret,
Ou ilz desgorgent le regret
Qu'ilz ont de leur perte indicible,
Essayans s'il seroit possible
Que leurs Nombrilz, ensemble mys,
Deuinssent Vn de deux Demys,
Comme ilz estoient premierement
Auant leur desemparement.
Petit bout, petit but vnique,
Ou le viser faulx & inique
Ne peult attaindre de vistesse,
Mais bien le loyal par addresse,
S'il ne m'est possible en presence
Te veoir, au moins en recompense
Ay ie dequoy penser en toy,
Car ie trouue ie ne scay quoy
En toutes choses de Nature,
Ayant la forme & pourtraicture
De toy, Nombril, tant gracieux,

Et de

Et de celuy qui est es cieulx,
Quand ne seroit ia que le mien
Qu'en memoire de vous ie tien,
Et considere iours & nuicts
Pour tout soulas de mes ennuys.
O Nombril! dont l'aise parfaicte
Gist au Demy qui te souhaite,
Lequel iamais ne sera aise
Que franchement il ne te baise,
En remembrance singuliere
De l'vnion, iadis Entiere,
Ou se peult trouuer iustement
L'heureux poinct de Contentement.

Prophetie. A Guynet Thibault, Lyonnois.

Trois Compaignons de Basle bien en ordre,
Et tant polis qu'il n'y ha que remordre,
Mieulx vsitez aux perilz & hazards
Que trois Hectors, ou bien que trois Cesars,
Doiuent en brief (ainsi comme lon dict)
Estre aduancez, voire en si grand credit,
Que plusieurs gens de legere creance
Mettront en eulx leur foy & esperance,
Se promettans, moyennans leurs addresses,
Ou grandz Malheurs, ou certaines Richesses:

f 2   Par

Par ce qu'ilz ont ceste noble vertu,
Que nul d'entre eulx ne fut onc abbatu,
Ny ne sera, d'homme qui l'importune,
Tant sont douez de Prudence & Fortune:
Et ont, eulx trois, autant de force encores,
Qu'il y en ha en Soixante trois Mores.
O qu'ilz auront autour d'eulx des flatteurs,
Qui les tiendront comme legislateurs,
Et les croyront, mesmes sans mot sonner,
Mieulx que plusieurs par beaucoup raisonner !
Ie ne scay pas s'ilz sont freres germains,
Mais à les veoir au milieu des humains
Ilz sont trop mieulx l'un l'autre ressemblans
Que trois Pigeons, ou trois Papillons blancs,
Et si sont tous d'une haulteur, ce semble:
Ilz ne vont point qu'ilz ne marchent ensemble,
Et quelque fois ne se trouuent que deux,
Mais ces deux là ne sont moins haz ardeux
Que si le Tiers estoit en la presence.
Ie ne diray meshuy ce que i'en pense,
Pource qu'aussi de brief tout se scaura:
Mais pour le moins sachez qu'il y aura
(Entre ceulx là qui suyuront leurs contentz)
Peu de Ioyeux, & plusieurs mal contentz.

A Ant

A' Antoine du Moulin, Mas-
connois.

L'homme de bien, de quelle graine aymee
La terre fut iadis si cler semee
Qu'a peine vn seul Apollo en trouua
D'vn milion, que tous il esprouua.
L'homme de bien, l'homme Sage & Prudent,
Est de Soymesme & Iuge, & president,
S'examinant iusques au dernier poinct,
Et si est tel qu'il ne luy en chault point
Que la court face, ou que le peuple die.
Il est semblable à la Sphere arondie
De l'vniuers, tout en soy recueilly,
Et par dehors tant rondement poly
Qu'vn brin d'ordure il ne peult amasser.
Son Passetemps est de soy compasser
Les longues nuictz de l'hyuer chassieux,
Et aux grandz Iours de l'este gracieux
A donner ordre au bastiment de Soy,
Que tant à poinct & à la bonne foy
De iour en iour il estoffe & cimente,
Qu'il n'a pas peur qu'il se iette ou desmente,
Ou qu'au droict coing ayt vne gauche pierre,
Tant bien l'assiet au plomb & à l'esquierre.
Il ha esgard sur tout au fondement,
Et aux appuys de son Entendement,

f   3   A ce

A ce qu'ilz soient tant proprement assis,
Qu'ilz ne soient veux peu fermes & massifz,
Ce qu'on pourroit esprouuer seurement
Par y hurter du doigt tant seulement.
De soir ne lasche au doulx sommeil le cours,
Qu'il n'ayt auant faict en soy vn discours,
En espluchant poinct par poinct à seiour,
Tout quant qu'il ha dict & faict celuy Iour.
Ains que dormir songeons à nostre affaire,
I'ay faict cecy, & cela reste à faire,
(Dict il alors à Soymesme escoutant)
I'ay tant perdu, i'ay gaigné tant & tant,
A quoy tient il qu'on n'a point approuué
Tel cas & tel, & que lon ha trouué
Cestuy cy bon? Pourquoy l'ay ie louee
L'opinion des mauuais aduouee,
Que ie deuois de bonne heure changer?
Pourquoy voyant quelque sot en danger,
Ou le voulant releuer de langueur
Ay ie tant prins les matieres à cueur,
Que i'en sois veu esté passionné?
Le mien Esprit s'est il point addonné
A acquerir chose qu'il valoit mieulx
Non desirer? O Fol malicieux,
Que i'ay esté d'auoir trop plus aymé
Vn peu de gaing, que l'honneur estimé!

                                              Ay ie

Ay ie point dict de parolles cuysantes?
 Ay ie point faict de mines malplaisantes
 A qui que soit, dont ie l'aye offensé?
Pourquoy plus tost est mon faict dispensé
 A l'appetit de ma folle nature,
 Que pour l'aduis de prudence & droicture?
Voyla comment l'homme Sage & discret
 Auec Soymesme, en son priué secret,
 Faict vn recueil de tous ses dictz & faictz
Du iour passé, soient bons, ou imparfaictz,
 Se repentant des propos vicieux,
 Et contentant des actes vertueux.

Victime Paschalis Laudes. A Claude Feraud, Lyonnois.

Tous vrays Chrestieus se viennent presenter
 Pour humblement & de bon cueur chanter
 Digne louenge au Paschal Sacrifice:
 Le doulx Aigneau ha bien faict son office
 Quant au recueil des Brebis esgarees.
L'Innocent ha les faultes reparees
 De tous pecheurs esperans auoir grace.
Vie Inuincible, & Mort qui tout embrasse
 Ont eu enhuy vn combat furieux:
 Mais le Seigneur, de Vie glorieux,
 Par mort vaincu en ha eu la victoire.

Vous, Magdaleine, en sçauez bien l'hystoire,
   Comptez nous en ce que veu en auez.
I'ay, dict Marie, ainsi que vous sçauez
   A ce matin le Tumbeau visité,
   Dont Iesus Christ estoit resuscité:
   Duquel viuant i'ay la gloire immortelle
   Veuë & congneuë. Et de ceste nouuelle
   Tesmoings en sont les Saincts, et benoists Anges,
   Tesmoings en sont le Suaire & les langes
   Que i'ay trouuez dedans le Monument.
Or me croyez quand ie vous dy comment
   Christ nostre espoir, contre Mort, & Enuie,
   Qui estoit mort, est retourné à vie,
   Dont Mort se tient morte & anichilee:
   Vous le verrez de brief en Galilee.
Il vault bien mieulx (& si est de besoing)
   Croire Marie estant vn seul Tesmoing,
   (Vn seul tesmoing, neantmoins veritable)
   Que des Iuifz la tourbe detestable,
   Estans encor en mensonge atterrez.
Nous sommes bien certains, & asseurez,
   Que Iesus Christ qui souffrit passion
   Est vray autheur de Resurrection.
Donc, ò Vainqueur, & puissant Roy aussi,
   Qui n'auez point pour vous faict tout cecy,
   Ains pour monstrer celle grand' Amytié

                        Qu'a

Qu'auiez à nous : Ayez de nous pitié.

Pour le iour des Estraines. A Claude le
Maistre, Lyonnois.

Enfant Diuin, dont la Mere est Pucelle,
  Par ce doulx laict de la pure mammelle
  Que maintenant vostre bouchette succe
  En appaisant la douleur du prepuce
  Que lon vous ha, vn peu bien rudement,
  Enhuy couppé, soubz le commandement
  De celle Loy pleine de peurs & peines,
  Ie vous supply me donner mes Estraines
  Vous qui auez bien voulu estre né
  A ce qu'en fin l'homme fust Estrené,
  Non point en chair, ny de choses charnelles,
  Mais en Esprit d'estraines Eternelles.
Nouuel Enfant le plus beau des Humains,
  Desquelz les biens sont tous entre voz mains,
  A ce beau Iour que l'an se renouuelle,
  Et prent de vous vne clarté nouuelle
  Estrenez moy de quelque nouueaulté :
  Mettez en moy vne telle beaulté
  Par le dedans, que le dehors ne tasche
  Fors à l'aymer, & d'aymer ne se fasche :
  Et me donnez que i'estime en tout temps
  L'auoir certain, qui rend les cueurs contents

Estre

Estre en Vertu, en Prudence, & Sagesse,
Non point en l'or de mondaine richesse,
Dont ie vous pry ne m'en donner grand' somme,
Tant seulement la charge d'vn Preudhomme.

Cantique de la Vierge. A la Royne de Nauarre.

L'ame de moy soubz ceste chair enclose,
En nul viuant ores plus ne se fie,
Car elle estime, honnore, & magnifie
Le Seigneur Dieu par dessus toute chose.
Et mon esprit, pour la bonne asseurance
De veoir la fin d'ennuyeuse tristesse,
Se resiouyt, & fonde sa liesse
En Dieu mon bien, & ma seure esperance,
Qui ha daigné, par doulceur amoureuse,
Ietter les yeux sur son humble Seruante,
Dont à iamais, de toute ame viuante,
Dicte seray la plus que bien heureuse.
Vn tresgrand bien de grace incomparable
M'a faict celuy qui ha telle puissance
Que tout chascun luy rend obeyssance
Pour son sainct Nom à tousiours memorable.
Et sa Clemence, & pitié paternelle
Tousiours monstree aux siens de race en race,
Qui sont crainctifz deuant sa saincte Face,

Demeu

Demeurera à iamais eternelle.
Il ha haulsé par vaillante surprinse
    Son puissant bras tout orné de victoire:
    Et pour monstrer sa souueraine gloire,
    Des orgueilleux ha rompu l'entreprinse.
Ceulx qui auoient l'autorité pleniere,
    Contrainct les ha de leurs sieges descendre,
    Pour plainement restituer & rendre
    Aux plus petis, la dignité premiere.
Aux affligez de famine & greuances,
    Qui se paissoient de langueurs & destresses,
    Il ha donné les plus grandes richesses,
    Et renuoyé les riches sans cheuances.
Estant recordz de sa Pitié louable,
    Dont ses plus chers il recoit & embrasse,
    Nouuellement luy ha pleu faire grace
    A Israël, son seruant variable,
En ensuyuant la promesse asseuree
    Qu'il feit aux chefz de nostre parentage,
    A Abraham, & à tout son lignage,
    Lequel sera d'immortelle duree.

            Le Cantique de Simeon. A la-
                    dicte Dame.

Puis que de ta promesse
    L'entier accomplyment

                                Octroye

Octroye à ma vieillesse
Parfaict contentement,
I'attendray, sans soucy,
De la mort la mercy.
L'estincelle derniere
De mes ternissans yeux
Ont veu de ta lumiere
Le Rayon gracieux,
Dont ie suis esblouy,
Et mon cueur restouy.
Le Rayon pur, & munde,
Que tu as enuoyé,
A fin que ce bas monde
Ne fust plus desuoyé,
Car son lustre obscurcy
En sera esclarcy.
Ta clarté preparee
Qui de loing reluyra,
A la gent esgaree
Par tout esclairera,
Et ton peuple affoibly
Sera lors anobly.

D'Auarice. A Helias Boniface d'Auignon.

Voyant l'homme Auaricieux,
Tant miserable & Soucieux,

Veill

Veiller, courir, & tracasser,
Pour tousiours du bien amasser,
Et iamais n'auoir le loysir
De s'en donner à son plaisir
Sinon quand il n'a plus puissance
D'en perceuoir la iouyssance,
Il me souuient d'vne Alumelle,
Laquelle estant luysante & belle
Se voulut d'vn Manche garnir
A fin de Couteau deuenir:
Et pour mieulx s'emmancher de mesme
Tailla son Manche de soymesme:
En le taillant elle y musa,
En musant de sorte s'vsa
Que le Couteau bien emmanché,
Estant desia tout ebresché
Se veit gaudy par plus de neuf
D'estre ainsi vsé tout fin neuf,
Dont fut contrainct d'en rire aussi
Du bout des dentz, & dist ainsi:
I'ay bien ce que ie souhaittois,
Mais pas ne suis tel que i'estois:
Car ie n'ay plus ce doulx trencher
Pour quoy taschoù à m'emmancher:
Ainsi vous en prent il, humains,
Qui nous auez entre voz mains,

Hors

Hors mis qu'on peult le fil bailler
Au trenchant qui ne veult tailler,
Mais à vieillesse esuertuee
Vertu n'est plus restituee.

Compte nouueau. A la Royne de Nauarre.

Vn bon Esprit (quand le beau Iour l'esueille)
Soudain congnoist que ce n'est de merueille
Si en ce poure & miserable monde,
Prou de Malheur, & peu de bien abonde,
Par ce qu'il voit (tout bien quis & compté)
Plus y auoir de Mal, que de Bonté.
Ie dy cecy me souuenant d'vn Compte,
Lequel est tel, que (certes) i'ay grand honte
Toutes les fois que ie y tourne à penser:
Si ce n'estoit que i'ay peur d'offenser
La netteté de voz chastes oreilles,
Ie le ferois, & vous orriez merueilles
Touchant le faict de certains malefices.
Mais s'il est vray que les propos de Vices
Sont moins nuysans aux espritz Vertueux,
Que de Vertu les Actes fructueux
A gens peruers ne sont bons & vallables,
Faire le puis : car voz mœurs tant louables
Ia n'en seront pires, comme ie pense.

Or dic

Or dict le Compte (à fin que ie commence
Vous racompter ces estranges nouuelles)
Qu'a Tours estoient quelques Sœurs assez belles,
De beau maintien, & bonne contenance,
De quel estat? Ie n'ay point souuenance,
S'il me fut dict qu'en Religion fussent.
Ou qu'autrement de Nonnes le nom eussent:
Mais tant y ha que de leur compaignie
Autant estoient, que Nonne signifie,
Qui souffiroit pour fournir vn Conuent.
Ces belles Sœurs (comme il aduient souuent,
Que lon n'a pas tousiours auecques soy
Gens de sa sorte, & de pareille foy)
Ne sçay comment s'estoient accompaignees
De quelque Rousse, ayant maintes menees,
Mainte traffique, & plusieurs petis tours
Autresfois faict en la ville de Tours:
A dire vray, à peine eust on sceu faire
Vne alliance au monde plus contraire:
Car celle là estoit d'autre stature,
D'autre facon, de toute autre Nature
Que ces neuf Sœurs, lesquelles gentement
Se contenoient, & fort honnestement
Taschoient garder Fermeté iminuable:
Mais celle Rousse estoit plus variable,
Plus inconstante, & trop moins arrestee,

                                    Que

Que n'est la plume au vent mise & iettee,
Ou l'eau qui court par ces prez verdoyans.
Qu'en aduint il? Vn tas de gens, n'ayans
Autre soucy que d'auoir bon loysir
De satisfaire à leur mondain plaisir,
Voyans ces Sœurs, & leur Compaigne, telles
Tindrent propos de se ruer sur elles,
Et en commun les trousser sur les rencz,
Sans aduiser qu'ilz estoient tous parentz,
(Freres germains la plus part, & Cousins)
Ny sans auoir honte de leurs voysins.
Or, pour iouyr d'elles plus aiseement,
Ilz feirent tant, que tout premierement
Eurent pour eulx celle là que i'ay dict,
Laquelle auoit tout moyen & credit
Enuers les Sœurs: & si estoit propice
Pour faire aux gens tout plaisir & seruice
En tel endroict, selon leur vueil & guise.
Se voyant donc incitee & requise
Par telles gens, l'habille macquerelle
Delibera de porter la querelle
De leur legere & folle voulenté,
Pour de ses Sœurs vaincre la Fermeté.
Tant tournoya, tant vint, & tant alla,
Que d'vne, ou deux, la Constance esbranla,
Et à la fin si bien la conuertit,

Que tout à plat sur le champ l'abatit,
Dont aux gallantz moult ioyeux & contentz,
(Qui ne cherchoient pas meilleur passetemps)
Creut le desir auecques l'esperance
D'auoir la reste, au pourchas & instance
De ceste là, qu'ilz feirent prou trotter,
Sans luy donner le loysir d'arrester:
Mais bien souuent (si l'vn d'eulx s'y mettoit)
La poure sotte aux piedz foulee estoit
En recompense, & pour mieulx luy apprendre
A se haster, à celle fin de prendre,
Et attrapper les Sœurs plus cautement:
Ce qu'elle feit, de sorte, que vrayment
Les poures Sœurs, auecques leur Constance,
Ne sceurent tant faire de resistance
A l'importun & ardant appetit
De ces gens là, que petit à petit
(Soubs tant d'efforts, soubs tant d'assaults diuers)
Toutes en fin ne cheussent à l'enuers:
A quoy aussi celles qui se laissoient
Ainsi gaigner, aydoient, & s'efforcoient
(Pour le plaisir de ces bons gaudisseurs)
A ruyner quelqu' vne de leurs Sœurs,
Tant bien aprins auoient l'art, & addresse
De celle là, qui en estoit maistresse.
Quant aux Gallants, tant creut leur ardeur grande,

                                     g   Et pour

Et pour vn temps fut si chaulde & friande,
Qu'a chasque fois qu'ilz se prenoient à elles,
Contents n'estoient d'vne, ou deux des plus belles:
Mais bien taschoient ces hommes peu rassis,
A leur coucher en auoir cinq ou six.
Conclusion: quand tout fut despendu,
Et le beau temps trop follement perdu,
En les laissant toutes desemparees,
Fort mal en ordre, en maintz lieux esgarees,
Du pied au cul gentement leur donnerent,
Puis à la fin vous les abandonnerent
A tous venans: Chose presque increable,
Mais neantmoins certaine & veritable,
Dont on deuroit faire inquisition,
Et quant & quant iuste punition.

Chant de Vendanges. A Alexis
Iure, de Quiers.

Ca, Trincaires,
     Sommadaires,
     Trulaires, & Banastons,
     Carrageaires,
     Et Prainssaires,
     Approchez vous, & chantons,
     Dansons, saultons,
     Et gringottons

Puis

Puis que l'auons en la danse
La Nonuieillissable Enfance.
Sa presence
  Nous dispence
  De Sagesse, & grauité:
  Sa prudence,
  Nous agence
  Le train de Ioyeuseté.
  Sa Gayeté
  Ha inuenté
  (Contre toutes fascheries)
  Misteres, & mommeries.
Maint Satyre
  Se retire
  Des Vignes à la maison,
  Tant pour rire,
  Que pour dire
  Des sornettes à foyson.
  C'est bien raison,
  (Veu la Saison
  De vendange tant cherie)
  Qu'on meine ioyeuse vie.
La Gabbie
  Ia rougie
  Du sang des bruns Espirans,
  Coule, & trye,

Comme

(Comme pluye)
Les ius des blancs Sperollans,
Des Rouuergans,
Des Picquardans,
Des belles grappes Muscades,
Pellefedes, & Oeillades.

En sa Tine
Propre, & digne,
S'egaye l'enfant Diuin,
De sa quine
Tant benigne
Y ayde à pisser le vin:
La le Poupin
Sur vn raisin
(Lequel luy sert de Carraque)
Va nageant parmy la Racque.

Tant se fie,
Glorifie,
Et vante en sa rouge mer:
Qu'il deffie
La mesgnie
De Regret rude & amer:
Sans soy armer,
Il peult charmer
(Au seul flair de sa grand' Couppe)
Des Soucys toute la trouppe.

Riz,

Riz, Caresses,
 Gentillesses,
 Plaisirs, Esbatz, & Repos,
 Ieux, Liesses,
 Hardiesses,
 Caquetz & menuz propos,
Espoirs dispos,
Ses bons Suppostz
(Ou qu'il voyse) l'accompaignent,
Et auecques luy se baignent.
Resueries,
 Baueries,
 Gasouillent là au profond.
 Batteries,
 Et Follies,
 Leurs babines y refont.
Noyses au fond
Dorment, ou font
Le guet, auecques Crierie
La Suyte d'Yurongnerie.
Luy se touille,
 Et se souille,
 De Marroquins, & Foiratz,
 Il gargouille,
 Il barbouille,
 Il se tainct iambes, & bras:

Puis (s'il est las)
Pour son soulas
Il succe les goutelettes
De ses Hugues rondelettes.
Quand il nouë,
  Ou se iouë:
Silenus riant sans fin,
Faict la mouë,
De sa iouë
Plus rouge qu'vn Cherubin:
Mais le Lubin,
Des le matin
Ha tant haulsé la bouteille,
Que maintenant il sommeille.
Ha, bon homme,
  Ton œil chomme,
Mais garde toy qu'au besoing
Cestuy somme
Ne t'assomme,
Car les Nymphes ne sont loing,
Ains en ce coing
Prennent ia soing
De venir faire deigade,
Si tu dors vne veigade.
O pure Vnde
  Dont redonde

                              Toute

Toute doulceur, & amour,
La profonde
Tine ronde
Defdiee à ton Seiour,
A ce bon Iour
De ton retour
(Veu d'antan la fouuenance)
Prent du futur efperance.

Du Ieu. A George Renard
Lyonnois.

Telle eft du Ieu l'ordonnance & police:
  Quand vous iouez, ne foit par Auarice,
  Qui aux efpritz n'acquiert que fafcherie.
  Hommes difcretz iouez fans tromperie:
  Vous apprentiz, les maistres deuez croire,
  Mais que chafcun pofe de fa memoire
  Les appetitz de fon ardent courage
  Quant & l'argent, ou ce qu'il met en gage.
  Par ce moyen à celuy qui perdra,
  D'auoir perdu non plus il ne chauldra,
  Comme de chofe eftant pieça perdue
  Que trop en vain il auroit attendue.
Vous qui auez rentes, & force efcuz,
  Si de Fortune eftes matz & vaincuz
  Il ne vous fault colerer nullement.

Iouer deuez pour plaisir seulement:
Mais tel y vient riche, ioyeux, & miste,
Qui s'en reua poure, peneux, & triste.
Quiconques est chault au ieu, si se garde,
Car le malheur tombera, quoy qu'il tarde.
Les gens de bien scauent passer le temps
En bonne paix, sans courroux ne contentz.
Somme, il ne fault iouer fascheusement.
Celuy qui perd, perde ioyeusement
S'il est possible, au moins (si ie scay dire)
N'en prenne en soy aucun despit ou ire,
Veu qu'on ne peult estre tousiours heureux.
Et puis le Ieu est bien tant dangereux,
Tant variable, & plein de desuerie,
Qu'il est tenu pour la quarte furie.
Or domptez donc ces cueurs tout à loysir,
Pour puis apres mieulx iouer à plaisir:
Et faictes fin à voz ieux & debatz
Ains que venir aux iouxtes & combatz.

Des mal contens. A Pierre de Bourg Lyonnois.

Personne n'a
ontentemēt.

DOnt vient cela, mon Amy Pierre,
que iamais nul ne se contente de son
estat, soit que Fortune le luy ayt of-
fert & donné, ou que luy mesmes
l'ayt

l'ayt choiſy pour certaine cauſe & raiſon? Que les
Marchãs ſont bienheureux, dict le vieil ſouldart qui
ſe ſent tout rompu de peine et de coups. Et au rebours,
celuy qui eſt deſſus la Mer en marchandiſe, dict ainſi
quand il faict tormente: Il faict bien meilleur à la
guerre: qu'il ne ſoit vray, on s'y eſcarmouche de ſorte
qu'en vn moment vient ou mort, ou ioyeuſe victoire.
Le Conſeiller, ou l'Aduocat (quãd il oyt le Soliciteur
hurter deuãt iour à ſa porte) louë l'eſtat du laboureur.
Le Payſant qui vient de loing pour comparoiſtre à ſa
iournee dict, qu'il n'y ha heureux que ceulx qui ont
leur demeure en la ville. Et tant d'autres ſemblables
choſes, que Fabius ce grand cauſeur ſe laſſeroit à les   Fabius grand
cõpter. Mais (à fin que ne te tienne trop longuement)   cauſeur.
eſcoute vn peu là ou c'eſt que tend mon propos. Si quel
que Dieu diſoit ainſi à telle maniere de gens: Ca, que
ie donne à vn chaſcun de vous ce que plus il deſire.
Toy qui eſtois Souldart, n'agueres, à ce coup Marchãt
deuiendras. Et vous Monſieur le Conſeiller, ſerez
bon homme de village. Or puis qu'auez changé d'e-
ſtatz vuydez d'icy, allez vous en, Sus, haye auant,   L'hõme ayãt
qu'attendez vous? Sire Dieu, ilz grattent leurs te-   ce qu'il ſou-
ſtes, c'eſt ſigne qu'ilz ſont mal contens. Et toutesfois   haittoit.
ilz peuuent eſtre tous bien heureux, ſelon leur dire.
A quoy tient il que Iupiter, voyant cela, ne ſe deſpi-   Dieu ne ſcau
te à bon droict contre telles gens, diſant que plus ne   roit les hommes cõtenter.

escoutera vœux, ne prieres, qu'on luy face ? Au reste
à fin que ce discours ne semble à celuy d'vn plaisant,
qui ne tasche qu'à faire rire, combien qu'il n'est pas
defendu qu'en riant lon ne puisse dire & remonstrer
la verité : Comme font les bons Magisters, qui donnent aucunesfois aux petis enfans des lettres faictes
de marcepains, pour mieulx les leur faire cognoistre.
Mais laissons risees et ieux, & parlons à bon escient.
Le Laboureur, le Tauernier, le Souldart, & les Ma-
riniers qui par toutes mers vont, & viennent, se disent tant prédre de peines à celle fin qu'en leur vieillesse ilz se puissent mettre à repos, voyantz qu'ilz
auront de quoy viure : Comme faict le petit Formy,
de grand labeur parfaict exemple, qui porte & trai-
ne à tout sa bouche tout cela qu'il peult au monceau
qu'il faict, luy qui n'est ignorant, ny nonchalant de
l'aduenir. Puis en hyuer durant les neiges, qu'il ne
peult aller nulle part, il vit content en patience, vsant
des biens qu'il ha acquis. Mais toy, il n'est si grand
chaleur, froid, feu, eaux, ny autres dangers, qui iamais engarder te puissent d'aller, & venir, pour le
gaing. Brief, il n'y ha rien qui te nuyse pourueu qu'vn
autre n'ayt le bruyt d'estre plus riche que toy. Pourquoy caches tu dedans terre les gros monceaux d'or,
& d'argent ? Pource que si tu en prenois tant ne quất
ilz pourroient decroistre en fin iusques à vn denier.
Voire

Anciéne mo-
de d'éseigner
les petis en-
fans.

Pourquoy
c'est que les
hommes pré-
nent tant de
peines à amaf
ser des biens.
Le petit For-
my nous est
vn grand exé
ple.

Contentemét
trouué au For
my, & non
point en l'hó
me.

Le plus grãd
mal gist en
Opinion.
La raison de
ceulx qui met
tent en tresor.

Voire, mais si tu n'en prens rien, qui ha il de bon, ou de beau au tresor ainsi amassé? Ie prens le cas qu'en ton grenier ayes de bled cent mille muidz : Si n'en entrera il pourtant point plus en ton ventre qu'au mien : Comme si lon te menoit vendre auec plusieurs autres esclaues, & ta charge fust de porter le pain de la prouision, nonobstant ce, tu n'en mãgerois non plus que cestuy là qui rien ne porte. Or ca, dy moy, quand l'homme vit selon nature, & par raison, que luy doit chaloir s'il ha ou cent, ou mil arpans de terre? Tu ne diras qu'il faict bon prendre, tant soit peu, d'vn bien grãd monceau. Ouy, mais si tu me confessois que en prens autant d'vn petit, pourquoy donques loué tu tant tes greniers au pris de mes arches? Il en est cer es tout ainsi que si tu auois grand besoing d'vn seau, ou d'vne esguiere d'eau tant seulement, & tu me dis- s que tu l'aymerois beaucoup mieulx puyser en vne grand' riuiere qu'en ceste petite Fontaine. De là viẽt que le fleuue Aufidus, lequel est si impetueux, empor auecques le riuage ceulx là qui ayment abondance lus grande qu'il n'est necessaire. Mais cestuy là qui a disette que de ce qui luy faict besoing, iamais ne ura son eau trouble, & ne mourra en la puysant. outesfois la plus part des hommes deceuz par faul- couuoitise diroient que ce n'est point assez. Que fe- s tu de telles gens? laisse les estre miserables, quand

de si

Si tu es ri-
che disne toy
deux fois.

Cõparaison.

Nature se cõ-
tente de peu.

Superfluité
inutile.

Opiniastreté
dangereuse.

Aufidus, fleu-
ue impetueux

Contentemẽt

Miserables
voluntaires.

de si bon cueur ilz le veulent : Comme lon racompte d'vn homme qui estoit iadis à Athenes, fort riche et auaricieux, lequel se souloit ainsi rire de ceulx qui se

mocquoient de luy. Le peuple (disoit il) me hue tousiours quand ie vois par la ville, mais quand ie suis en ma maison ie me louë & flatte moymesmes, lors que ie viens à côtempler l'argent qui est dedans mes cof-

fres. Tãtalus est au fond d'enfer en vn fleuue iusques au col, & quand il se baisse pour boire, l'eau s'enfuyt de deuant ses leures. Pourquoy ris tu ? c'est de toymesmes que le nom seulement changé, la fable est seincte

& racomptee. Tu dors dessus tes sacz d'escuz en en souhaittant d'auantage, & comme si c'estoient reliques, es contrainct de t'en abstenir, & n'en prendre que le regard, tout ainsi que d'vn tableau painct. Tu

ne scais point que vault l'argent, ny à quoy c'est qu'il peult seruir. Achetes en du pain, des choulx, du vin & tout ce dont nature ha necessairement besoing

Trouues tu bon viure tousiours en craincte, faire le guet tant de iour que de nuict, te doubter du feu, des larrons, & de tes seruiteurs aussi, qu'ilz ne te pillent & desrobent. Quant à moy, ie serois conten d'auoir tout le temps de ma vie tousiours faulte de ces biens là : mais si tu as quelque frisson de fieure, ou que tu sois du tout au lict malade, tu as qui te visite & pense, & qui s'en va au Medecin le prier qu'il te re-

te rende sain à tes enfans, tes parentz, & amys.
Dis tu? ta femme, ny ton filz, n'ont que faire de ta
santé. Les voysins, ceulx qui te congnoissent, et mesmes les petis enfans, tous te hayent mortellement. Et
puis veu que tu ne fais compte de rien qui soit fors que
d'argent, t'esmerueilles tu que personne ne te porte
l'amytié que tu n'as desseruye? Si tu penses entretenir
les parētz que Dieu t'a dōnez sans grace ny moyen
quelconque, & tes amys semblablement, tu t'abuses
bien, malheureux : Autant que celuy qui vouldroit
brider vn Asne, & luy apprendre à courir en vne
campaigne. Finablemēt metz vn arrest, & vn but
en cas d'amasser, si que tant plus auras de biens, tant
moins tu craingnes poureté : & cōmence à faire vne
fin de trauailler, puis que tu as cela que tant tu desi-
rois. Qu'il ne t'en prenne tout ainsi cōme il feit à Vui-
lius, le compte n'en est gueres long, lequel estoit riche
à merueilles : toutesfois pour plus espargner, tāt estoit
villain & auare qu'il ne s'accoustroit autrement que
ñ simple vallet ou esclaue, de peur qu'il auoit d'auoir
faulte de viures, iusques à la mort. Mais vne garse la
plus forte d'entre toutes les Tyndarides luy bailla vn
coup de coignee, & le fendit par le milieu. Comment
veulx tu donc que ie viue? comme le chiche Neuius,
ou Nomentanus le prodigue? Voicy merueilles : car tu
aydes en confrontant choses contraires, les ioindre

l'vne

Marginal notes:

Les parens & amys de l'auaricieux.

L'auaricieux n'ayme rien q̄ l'argent, aussi n'est il aymé de personne.

Cōparaison.

On deuroit mettre vn but d'acquerir.

Le compte de Vuidius.

Neuius auare, Nomentanus prodigue.

l'vne aupres de l'autre, de forte que rien ne moyenne.
Quand ie te deffendz d'estre auare, point n'entendz
que fois despejier. Dea, quelque chose y ha il entre les
lendes de Bourdeaux, & les montaignes de Sauoye.

Moyen en touteschofes. Il y ha moyen en toutes chofes, & auec ce certaines
bornes, hors lefquelles ne ca, ne là, le droict ne fçau-
roit confifter. Or ie reuiens dont fuis forty. Que per-

**Qui veult a-
uoir cõtente-
ment ne doit
eftre ny aua-
re, ny enuieux
fur autruy.** fonne ne fe complaife en eftant auaricieux : Et qu'il
ne louë, ou efmerueille l'eftat et fortune d'autruy: qu'il
ne trãfiffe de douleur de veoir la Vache à fon voyfin
auoir plus de laict que la fienne. Qu'il ne fe glorifie
d'eftre plus riche & plein que beaucoup d'autres, s'e
efforcant paffer en richeffes puis ceftuy cy, puis ceftuy
là. De là voyons nous aduenir, que le plus riche &
aduancé met toufiours quelque empefchement à ce-

Cõparaifon. luy qui cuyde aller oultre : Comme celuy qui court au
pris, boute ou retient fon compaignon, qui tafche gaigner le deuant, en fe gaudiffant des derniers lefquel
il ha defia paffez. Et cefte eft la caufe dont vient que
peu en trouuons qui fe vantent d'auoir heureufemen

**Peu de gens
s'en vont cõ-
tés de ce mon-
de.** vefcu: & qui à la fin de leurs iours s'en voifent contens de ce monde, ainfi qu'on faict faoul & repeu d
quelque fumptueux banquet. Or c'eft affez, &

**Crifpin le
chaffieux, phi-
lofophe du
téps d'Efope.** fin que ne cuydes que i'aye pillé tous les coffres d
bon homme Crifpin le chaffieux, ie n'en diray pas v
mot d'auantage.

A m

A mon petit, & grand amy, Robert de Andoßille.

S.

Petit Robert, d'vne petite epiſtre
Ie te ſalue, & ſi ie te chapitre
Petitement, d'vn petit & bas ton:
Car ie ſçay bien que tu es vn chatton,
Qui n'as ſoucy, en ce ſoucieux monde,
Sinon de faire ou le caca immunde,
Ou de crier auecques ta gorgette,
A celle fin qu'vn tetin on t'y iette
Pour t'appaiſer: ou à fin qu'on te berſe
Comme vn Monſieur couché à la renuerſe:
Et le meilleur de toute ta beſongne,
C'eſt quand tu tiens vne riante trongne,
Recongnoiſſant ton amyable Pere,
(Auquel tout puiſſe eſtre ſauf, & proſpere)
Ou quand ſoubris, faiſant ſemblant d'eſtre aiſe,
A celle fin que ta Mammam te baiſe.
Voyla ton beau, & ſainct gouuernement.
Depeſchez vous, ſus, mauuais garnement,
De mignoter, crier, bauer, & rire,
Pour en l'eſchole aller lire, & eſcrire,
Si parlerez de quelque beau ſecret
A voſtre Pere, en langage diſcret,
Dont voſtre Mere en aura grand' enuie,

                              Alors

Alors, Robert, si Dieu nous tient en vie,
Tu requerras tes deux nobles Parrains,
Qui de ta Foy sont Pleiges souuerains,
Et ta Marraine, aussi, laquelle t'ayme,
Qui te diront l'Espoir de ton Baptesme,
Dont tu viuras comme les bons Chrestiens:
A Dieu sois tu, Robert, & tous les tiens.

Le Cry, Touchant de trouuer la Bonne Femme.

Mulierem fortem, quis inueniet. Prouer. 31.

A la Royne de Nauarre.

Qui est ce qui trouuera,
　　Ou scaura
Femme bonne, & vertueuse?
Le guerdon qu'il en aura
　　Passera
Toute perle precieuse.
Le cueur du mary d'icelle
　　Ne chancelle,
　　Mais en elle ha sa fiance:
Faulte n'aura telle quelle
　　Pres la belle,
　　De despouilles & cheuance
Tout le temps de son viuant
　　Met auant

Le bien enuers iceluy,
Non pas le mal deceuant,
Que souuent
On voit commettre auiourd'huy.
Elle applique son desir
Pour choysir
Et du lin & de la laine,
Et en besongne à loysir,
Son desir
Est de prendre soing & peine.
Elle est de telle maniere
Mesnagere
En tout ce que faict besoing,
Comme la barque merciere
Voyagere,
Apportant son pain de loing.
Elle se leue de nuict
Sans nul bruit
Pour repaistre sa maison:
Ses seruantes introduict,
Et instruict
Sa famille par raison.
Elle tresprudente, & sage,
L'heritage
Prent & vise soir & main,
Y plantant vigne & fructage,

Labourage,
Des fruictz de sa propre main.
Ses reins, de puissance & force,
Elle trousse
Pour ouurer à tout rebras:
Alegre, plaisante, & doulce,
Non rebourse,
Tousiours fortifie ses bras.
Apres elle experimente
Si la vente
De sa marchandise est seure:
Sa lampe sera luysante,
Esclairante,
Tout le temps que la nuict dure.
Elle entend à sa besongne,
Tousiours songne
A faire profit nouueau:
Et à fin qu'elle besongne
Elle empongne
La quenouille, & le fuseau.
Elle pitoyable & bonne
Tend & donne
Sa main, ou gist poureté:
Et console, par aumosne,
La personne
Qui est en necessité.

Elle

Elle ne crainct morfondure,
   Ou froidure
   Aduenir à sa famille,
   Laquelle ha bonne doubleure,
   Et vesture
   D'escarlate tressubtile.
Elle s'est faict des tapis
   De hault pris,
   De fin lin abondamment:
   Et sont de vermeil exquis
   Ses habitz,
   Qu'elle vest pour ornement.
Le sien mary est congneu,
   Bien venu
   Aux portes de la cité,
   Là ou siege est cher tenu,
   Maintenu
   Entre gens d'authorité.
Elle faict toile, & lincieux
   Precieux,
   Qu'elle vent & distribue,
   Et au marchant curieux,
   Soucieux,
   Liure surceintz de value.
Force, auecques Dignité,
   Maiesté,

Sont en elle pour atour:
Et ris de ioyeuseté,
Gayeté,
Donnera au dernier iour.
Elle ouure, par sapience,
Et science,
Sa bouche, dont bien deuise:
La loy de beniuolence,
De clemence,
Est dessus sa langue assise.
Sa maison qu'est comme vn Temple
Bien contemple
Que nul n'y soit paresseux,
En remonstrant par exemple
Bon & ample,
Non manger le pain oyseux.
Ses enfans se leuent tous,
Sus, & soubz,
Et la disent bienheureuse:
Aussi le sien noble espoux
Bon & doulx,
La loue de face ioyeuse.
Plusieurs filles se sont mises
Aux emprises
Pour amasser grand auoir,
Mais toy, sus leurs entreprises

                                        As acq

As acquiſes
Richeſſes par ton deuoir.
Or, la grace eſt deceuable,
Et damnable,
Et trop vaine la beauté:
Mais la femme eſt moult louable,
Venerable,
Qui crainct Dieu en loyaulté.
Donnez luy de ſes labeurs
Des fruictz meurs
De ſes mains en toutes ſortes:
De ſes œuures les meilleurs
Par honneurs,
La louent, deuant tous, es portes.

Au Roy François. De la mort de ſon Filz.

Les Fatales deſtinees
Cruelles & obſtinees,
Les Dieux & hommes contraingnent
A ce que larmes eſpraingnent,
Et la court de Iupiter
Ne ſe tient pas d'en ietter:
Iuno la playe ha gemy,
Que receut Mars ſon amy
De Diomedes rien qu'homme.

h   3   Et puis

Et puis vn chascun scait comme
Iupiter print amertume
De dueil, oultre sa coustume,
Et ploura (pour tout guerdon)
Son bien aymé Sarpedon,
En ordonnant que les Dieux
En iettassent larmes d'yeux.
Ce n'est pas merueille aussi
Si toy, Françoys, fais ainsi
Comme Iupiter ha faict,
Que soulages le forfaict
De Destinee enragee:
Que si Niobe eagee
Fust vefue d'vn tel enfant,
Qui fust autant triumphant,
Elle (veu telle infortune)
Fust trois fois pierre, pour vne.
Donc à bon droict (que n'en mente)
Le bon Pere se lamente:
Ceulx là hommes ne sont pas,
Qui ne pleurent ce trespas:
Mais ilz sont plus tost pierre, eulx,
Et plus que pierre, pierreux.

A luy mesmes.

Françoys (que Dieu tienne en vie)

N'ayes

N'ayes sur ton filz ennie,
Qu'il est possesseur des cieulx,
Et ia compaignon des Dieux:
Tous les honneurs & les biens
De la court des cieulx sont tiens.
Des accidentz & scandales
Des trois Deesses fatales
O Iupiter il dispose.
Il s'esiouyt & repose
Auec celestes doulceurs
Dedans le sein de ses Sœurs,
De sa Grand' mere, & sa Mere.
Ainsi Destinee amere
T'a donc donné, neantmoins,
Cinq Dieux, de cinq tiens humains:
Quand ton temps passé auras,
Le Sixiesme tu seras.

Epitaphe de Françoys Daulphin,
Premier nay du Roy
Françoys.

Esperance gist icy,
Que tu n'ayes ce soucy
(Quoy que Pandora promette)
De l'esperer de sa boette:
Icy ont leur demourance
Et la boette & Esperance.

h 4   A la

A la Royne de Nauarre.

Tes yeux ont veu ce qu'ilz n'esperoient pas,
Dont larmoyans maintz ont faict larmoyer
De ton Neueu le trop soudain trespas,
Et ton bon Frere en larmes s'en noyer:
Tu luy as veu à son debteur payer
Le debte (las) lequel luy estoit deu,
Toy vn Neueu, luy vn Filz ha perdu,
Mais France en doit bien plus grand dueil auoir,
Car tout l'espoir d'elle y est respandu:
Peuuent tes yeux ce pourtraict en reueoir?

Bonauenture, à Marot. A son retour
de Ferrare.

Maro en Marot, immortel Poëte, l'honneur de ce
temps, que veoir tant souhaitte, mes poures ver-
setz crainctifz, & doubteux ne s'osent monstrer (tant ilz sont honteux) à vous, veu qu'ilz
sont sans rithme & raison : dont ie vous salue en
simple oraison, Priant (comme faict chascun à son
tour) qu'il vous soit heureux ce ioyeux retour.

LES QVATRE PRIN-
CESSES DE VIE
HVMAINE,
C'est à sçauoir, Les Quatre Vertus Cardinales,
selon Senecque.

*

AV LECTEVR S.

Amy lecteur, qui lis, & qui entendz,
Et qui tousiours as pour ton passetemps
Liures en mains, ce petit t'est donné
D'vn, qui combien qu'il soit abandonné
De tout sçauoir, & noble Poësie,
Ce nonobstant, par vne ialousie
Qu'il ha, de quoy chascun te baille à lire,
Il s'est voulu mettre aussi à t'escrire,
Contrefaisant le Singe, imitateur
De ce qu'on faict. Donques pour Translateur
Me porte cy d'vn liure, que iadis
Senecque emplist de sententieux dictz,
Touchant le faict des Vertus Cardinales,
D'humain estat gouuernantes loyales,
Lesquelles sont ouurieres diligentes,
Comme il affiert à mesnageres gentes,
Qui sçauent bien conduyre par raison,
Et gouuerner le train de la maison.
Prudence y sert de Maistresse d'hostel,

h 5   Pien

Bien au profit de son homme mortel:
Car elle ha l'œil sur le faict, & à faire,
Si que leans rien ne se peult messaire.
On y voit puis aller, & tracasser,
Force, portant gros faiz, sans se lasser:
Allegrement elle faict la besongne,
Sans que iamais de rien se plaigne ou hongne.
Hors de leans ne fault querre Attrempance,
Elle se tient tousiours en la despense,
Gardant sur tout que Voluptez friandes
Secrettement ne rifflent ses viandes.
Iustice ayant ses propos aduenans,
Y faict la court à tous les suruenans,
Les recueillant auec benigne face,
Faisant ainsi qu'elle veult qu'on luy face.
Sent il pas bien ses doulceurs immortelles
L'estat conduict par mesnageres telles?
Lesquelles sont Quatre en nombre parfaict,
Qui de la vie en main ont tout le faict.
Or tout ainsi que Lesbia fut mise
La Quarte Grace, & Sappho fut admise
A auoir lieu d'vne Muse Diziesme,
Ainsi y ha vne Vertu Cinquiesme,
Viue Vertu viuant en ceste vie,
Que ie ne nomme, à cause de l'enuie
Du Temps Present, aux Vertueux amere,

Qui se

Qui se mocqua, mesme de son Homere,
Lequel apres de la Posterité,
(Qui du Passé iuge à la verité)
A tant esté aduoüé & chery,
(Veu son renom, qui n'est encor pery)
Que sept citez debattent à puissance
Pour soy nommer le lieu de sa naissance.
Ainsi à toy Posterité paisible,
(Veu du Present l'iniquité nuysible
Mescongnoissant ce que plus tu reueres,
Et renyant ce qu'apres tu adueres)
Laissons iuger de telle Vertu nee
De nostre temps, diuine & incarnee,
Ce neantmoins n'est du tout incongneüe:
Car sa beauté contemplent, toute nuë,
Maintz bons espritz en ceste chair mortelle,
Confessans tous qu'il n'en fut onc de telle:
Mais les malings qui sont en si grand nombre
(Comme lon voit) qu'ilz font au Soleil vmbre,
Iceulx malings (qui les bons tousiours picquent)
A son vray loz de leur pouoir replicquent:
Mais tant viuront que mort s'en ensuyura,
Ainsi mourront, & la Vertu viura.
Or viue donc la Vertu vigoreuse,
Par qui sa gent est plus que tres heureuse
Bon son exemple, & benigne faueur

Qu'elle

Qu'elle ha à ceulx lesquelz prennent saueur.
Tant aux Vertus qu'a diuine Science,
Dont elle en ha l'entiere experience.
Or si ie faulx, toy Poëte Françoys,
Ie te supply que pardonneur franc sois:
En maniant la Poëtique plume
Pourtant Poëte estre ne me presume:
Car tous ceulx là lesquelz de gueule chantent
Chantres ne sont, ne pour Chantres se vantent,
Pour bien chanter fault vaincre l'Alouette,
Et toy aussi, pour se nommer Poëte.

VOVLOIR ET POVVOIR.

DES QVATRE PRINCES-
SES DE VIE HVMAINE,
C'est à sçauoir, Seneque des Quatre
Vertus Cardinales.

*

E maints sçauãs les sentéces expresses
Ont diffiny de Vertus quatre especes,
Dõt l'humaï sens orné (mauoré enuie)
Peult acquerir l'honnesteté de vie.
D'icelles donc vient la premiere en dance:
Celle Vertu qu'on appelle Prudence:
Et la seconde est Magnanimité,
Puis Attrempance à son pas limité
S'en vient apres: La Quatriesme Princesse
Se dict Iustice, en qui tout le ieu cesse.
Vne chascune (ainsi que tout expres
Est annexé, & conioinct cy apres)
Le sien office ayant mis à effect,
Rend l'hôme honneste, et en mœurs biẽ parfaict.

PRVDENCE.

Viconques donc aymes Prudence suyure,
Lors droictement par raison as à viure:
Premierement, poise tout, & estime
La dignité des choses legitime,
Comme elles sont, & selon leur nature.

Non pas selon le plus à l'aduenture:
Car il en est d'aucunes, qui de race
Bonnes n'estans, semblent bonnes de face:
D'autres on voit pour non bonnes tenues,
Qui bonnes sont, quand on les ha congneues.
En grand merueille, ou estime, ne tiens
Aucunement quelques biens qui soient tiens:
Car ilz sont tous pour quelque fois perir.
Ce qu'est à toy, & qu'as peu acquerir
  En l'espargnant ia tant ne contregarde,
  Comme d'autruy chose donnee en garde,
  Ains pour ton faict (comme tien) le dispense,
  Et comme tien en vser tousiours pense.
Si vne fois Prudence tu embrasses,
  Tousiours seras tout vn en toutes places,
  Selon le temps, & changement des choses:
  Pareillement fais que tu les disposes,
  Et qu'en nul faict tu ne te dessaisonnes,
  Mais que plus tost en mieulx tu te façonnes,
  Comme la main, estre main ne delaisse,
  Soit qu'on l'estende, ou qu'en poing on la presse.
Le Prudent doit (si Prudent onques veis)
  Examiner de plusieurs les aduis:
  Ne sois donc pas de credulité telle,
  Que croyes tost à mensonge, ou cautelle.
Tais toy plus tost de la chose incertaine,

Q

Que d'en ietter sentence trop soudaine.
N'afferme rien sans seure experience:
  Car tout cela qui ha belle apparence
  De verité, n'est pas vray, ne possible,
  Comme souuent ce qui semble incredible
  Premierement, n'est en soy faulx pour tant:
  Car mainte fois Verité va portant
  Le masque laid de mensonge attaché,
  Et bien souuent le Mensonge est caché
  Soubz la couleur de Verité bien miste:
  Comme souuent chere rebeusse & triste
  Monstre l'amy, ou le flatteur plaisant
  La monstre belle, ainsi s'en va taisant
  Ce que n'est vray, soubz de vray la couleur,
  Pour inferer tromperie & malheur.
Si desir as de Prudent deuenir,
  Prendre te fault esgard à l'aduenir:
  Et à part toy premettre & pourpenser
  Ce qui se peult par fortune auancer.
Rien en tes faictz has vueté ne prise,
  Preuoy le cas auant toute entreprise:
  Car le Prudent ne dict iamais cecy:
  Pas ne cuydois qu'il en aduinst ainsi.
  Point il ne doubte, ains attend & regarde:
  Rien n'a suspect, mais il est sur sa garde.
D'vn chascun faict quiers l'origine, à fin

Que depuis là tu penses de la fin.
Des cas y ha qui sont de tel affaire,
Que tu les dois acheuer & parfaire,
Si commencé les as aucunement:
Et d'autres sont qu'attenter nullement
Il n'appartient, dont la perseuerance
N'a nul profit, ny aucune asseurance.
Homme Prudent, iamais tromper ne veult,
Aussi iamais estre trompé ne peult:
L'homme qui est en bonté demourant
Ne peult tromper aucun, mesme en mourant.
Tes dictz, propos, & aduertissemens
Sentences soient, arrestz, & iugemens.
Pensemens sotz, & friuoles mensonges,
Estans pareilz à inutiles songes,
Et, comme on dict, des chasteaulx en Espaigne
N'aberge en toy, si que ton cueur s'y baigne.
Que si tu viens le rien oyseux desir
A recreer en iceulx à loysir,
Apres que tout bien disposé auras,
Fasché, pensif, & triste resteras.
Ton pensement ne recule en arriere,
Soit qu'il dispose, ou que du cas s'enquiere,
Ou sur le faict contemple en telle sorte,
Et que iamais de verité ne sorte.
Le tien parler ne soit point deshonneste,

Ma

Mais qu'il conseille, ou bien qu'il admonneste
Tousiours quelcun, qu'il enseigne, & console,
Ou qu'il remonstre, & que point ne s'en saoule.
Peu de louenge, & moins de vitupere
Baille à autruy: car autant d'improperе,
Loz superfluz & inconsideré
Merite, & plus que blasme immoderé,
De flatterie est tel loz soufpeçonné,
Et de tout mal tel blasme empoisonné.
A verité rendz loyal tesmoignage,
Non à amour, congnoissance, ou lignage.
Auec aduis de promesse entre es las,
Et la tiens mieulx que promise ne l'as.
Si Prudent es, ou à Prudence tendz,
Ton sens sera dispensé en trois temps:
Le temps Present tresbien ordonneras:
A l'aduenir bon ordre donneras:
Et du passé auras le souuenir.
Cil perd sa vie, & n'en peult bien venir,
Qui de ses iours les faictz passez ne compte,
Et qui de ceulx qui viennent ne tient compte,
Fol, oublieux bien appeller le fault:
Car le lourdaut en tout choppe, & deffault.
Metz au deuant de ton entendement
De l'aduenir les maulx expressement,
A fin que mieulx les porter consideres,

i   Les

Les biens aussi, à fin que les moderes,
Ne sois siché, ainsi que par desspit,
    A la besongne, ains repos & resspit
    Aucunes fois permetz, à tes espritz,
    Auquel repos soient meslez & compris
    Les bons soucis d'estude de sagesse,
Iamais Prudent ne languit de paresse,
    Il est bien vray que son esprit relasche,
    Mais il n'est pas pour tant recreu, ne lasche.
Il sçait tant bien haster tardifues choses,
    Et deschiffrer les doubteuses & closes:
    Ce qui est dur sçait tresbien amollir,
    Et aspreté de chose aspre tollir:
    Ce qui est hault esleué, abaisser,
    Et sçait par ou il doit son faict dresser:
    Tantost congnoist dont les choses sont faictes,
    Et des expers il voit les entrefaictes
    Diligemment : par les claires & nues
    Sçait estimer les choses incongneues.
    Par les petis, les grandz & les haultains,
    Par les presens, les absens & loingtains:
    Aussi faict il le tout par ses parcelles,
    Et sçait congnoistre aux vieilles les nouuelles.
Ne sois esmeu pour l'adueu & credit
    De celuy là qui la parolle dict,
    Et ne prens point esgard à la personne,

                                                    Mai

Mais seulement à ce que l'on raisonne.
Pense sur tout & considere bien
   Aux quelz plaisirs, & non pas à combien.
Ne cherche rien qui ne se puisse auoir,
   Et estudie à ce qu'on peult sçauoir.
Soient tes desirs & tes souhaitz, mis en ce
   Que desirer peux, des bons en presence.
Tascher ne dois en celuy lieu attaindre,
   Ou trembler faille, & la descente craindre.
De bons conseilz salutaires te doüé,
   Lors que le bien te flatte & amadoüé,
   Et tout ainsi qu'en vn glissant passage
   T'asseureras, tu ne serois pas sage
   De te lascher impetueusement:
   Mais tu dois bien preuoir songneusement
   Ou va le cours, & ou c'est qu'il termine:
   Ce que Prudence ha dict, si le rumine.

MAGNANIMITE',
OV, FORCE.

QViconques donc est Prudent, si s'esforce
   Auoir en soy la magnanime Force,
Qui est aussi Magnanimité dicte.
Si de ton cueur elle n'est interdicte,
Franc tu viuras auec grande constance,
Bien asseuré, hors de crainte & doubtance.

                    i 2   Le

Le plus grand bien, & douaire plus cher
  Du Magnanime, est de non trebuscher,
  Mais estre ferme, & sans rien s'esmouuoir:
  La fin de tout, considerer & voir.
Si tu es Fort, ou Magnanime, point
  N'estimeras que blessé t'ayt, ou poinct,
  Ton ennemy, & ne diras iamais
  Que luy t'ayt faict aucune iniure, mais
  Qu'il ha bien eu le vouloir de te nuyre:
  Et quand verras que l'auras peu reduyre
  A la parfin soubz ta main & puissance,
  Vengé te tiens pouoir prendre vengeance:
  Saches que c'est de vengeance l'honneur,
  Estre en vengeant de mercy franc donneur.
Par faulx rapport ne dois nul assaillir,
  Ny en secret sur personne saillir;
  Mais si tu veulx vaincre, vaincz en publicque:
  Et ne prens point à qui que soit la picque,
  Sans que premier à sçauoir ne luy faces:
  C'est au couart à vser de fallaces.
De Magnanime & Fort nom auras tu,
  Si tout ainsi que feroit vn testu
  Ou temeraire, en perilz ne te boutes,
  Et les perilz, comme crainctif, ne doubtes:
  Car rien ne rend le couraige paoureux
  Fors de mal viure vn regret langoreux.

CON

CONTINENCE.

OR si tu as en amour Continence,
Laquelle est dicte autrement Attrempance,
Retranche au tout les superfluitez,
Refrain les riens souhaitz de vanitez,
Considerant que nature requiert,
Non ce qu'en toy Concupiscence quiert.
Si Attrempé tu es, & Continent,
De toy seras content incontinent:
Certes celuy est nay auec cheuance,
Qui de soy mesme ha en soy souffisance.
Diligemment metz bride à tes desirs,
Pour les garder de faire leurs plaisirs:
Tous attraymens de volupté secrette
Tirans les cueurs, d'auecques toy reiette.
Mange, non tant que le saoul ventre en rie,
Boy sobrement, fuyant yurongnerie.
Ne t'abandonne aux delices presentes,
Et ne souhaitte en ton cueur les absentes,
Facilement soit ton viure appresté,
Quiers la viande & non la volupté:
La faim plus tost ton appetit aguise,
Que la saueur de la viande exquise,
Et soit de peu ton desir racheté.
Tu ne viendras iamais à poureté
Viuant ainsi que le requiert nature:

i 3

Que

Que si l'auoir de quelcun d'aduenture
Point ne luy semble estre assez plantureux,
Et eust il tout, si est il malheureux.
Celuy qui bien poureté entretient,
Riche & puissant chascun le iuge & tient.
Tant seulement à ce soing sois enclin,
Que ta nature on ne voye à declin,
Et comme si en ce te voulois plaire
D'estre semblable au diuin exemplaire,
Tant que pourras par deuers l'esperit
Retire toy de ce corps, qui perit.
Ne cherche point les logis de plaisance,
Contente toy d'estre en vn lieu d'aisance:
Ne vueilles pas par la maison le maistre,
Mais la maison par le maistre congnoistre.
Et ne sois point de sens si contrefaict
De t'imputer ce que tu n'as pas faict:
Ne tasche point sembler & apparoistre
Ce que tu n'es, ou que tu ne peux estre.
Ta poureté ne soit d'ordure pleine,
Aussi ne soit ton espargne villaine:
Non à mespris soit ta simplicité,
Ny fade aussi soit ta facilité.
Et si tu as des biens petitement,
Ne les tiens pas pourtant estroictement.
Ia ne te fault regretter ta fortune

Voyant

Voyant qu'elle est aux autres opportune.
Si Continence est vers toy bien venue,
  Fuy villenie, & n'attendz sa venue.
  Tu ne dois point pour quelque faulte extresme
Tant chastier autruy, comme toy mesme:
Pense que tout peult estre supportable
Fors villenie inepte, & detestable.
Ne tiens propos salles, dont la licence
Coule & nourrit l'esbaudie impudence.
Tu dois aymer les propos vertueux
  Plus que les doulx, & les facetieux,
  Et les bons motz, ou verité se fonde,
  Plus que ceulx là qui coulent en faconde.
  Mesler pourras aux choses serieuses
  Aucunesfois des sornettes ioyeuses:
  Mais tellement s'attrempent & astraignent,
  Que dignité & honte ne s'en plaignent.
Le ris vrayment doit bien estre reprins,
  Qui sans mesure en la bouche est emprins,
  Ou esclatté tant que la gorge en fend,
  Tel que le faict, ou la femme, ou l'enfant.
  Le ris maling, fol, hault, & desdaingneux,
  Ou du meschef d'autruy, est ris hayneux.
Si aux propos ioyeux es inuité,
  Traicter les dois, auecques dignité,
  Si sagement, que quelcun ne s'en fasche

De les ouyr, ou ne t'en tienne lasche.

En toy ne soit donc flatteuse risee,

Maintiens plus tost ciuilité prisee.

Tes plaisans dictz soient faictz, sans mocquerie,

Tes motz ioyeux soient dictz sans resuerie,

Ton ris sans mouë, & sans cry ton parler,

Sans bruyt aussi doit estre ton aller.

Le tien repos tu prendras sans paresse,

Et ce pendant qu'au ieu chascun s'addresse

Tu penseras à toute saincteté,

Et traicteras chose d'honnesteté.

Si Attrempance est de toy bien cherie,

Euiter dois les dictz de Flatterie,

Et craindre autant loz partant d'homme infame

Qu'estre loué pour vn blasme, ou diffame:

Resiouy toy, & te vueilles complaire

Lors que tu vois qu'aux meschãs ne peux plaire:

Repute & tien pour vn loz esprouué

Par les meschans le blasme controuué.

Le souuerain chef d'œuure d'Attrempance

Est mettre aux dictz des flatteurs resistance,

Desquelz souuent le plaisantin language

A volupté esbranle le courage.

Par flatterie (ou faulseté se brasse)

Enuers aucun ne te dois mettre en grace,

Et si quelcun vient à toy, celle voye,

Sans

Sans luy ouurir, dis luy qu'il se pouruoye.
Estre obstiné ne dois par arrogance,
   Ny estre enflé de folle oultrecuydance:
   Humilier te dois, non mespriser,
   Ou de l'estat la grauité briser.
Patiemment reçoy correction,
   Tresuoluntiers oy l'admonition:
   Que si quelcun t'a reprins à bon droict,
   Saches qu'il t'a profité orendroit:
   S'il t'a reprins sans point le meriter,
   Saches qu'il t'eust bien voulu profiter.
   Craindre ne dois iamais parolles aigres,
   Mais crains plus tost les doulces, & alaigres.
Sois l'ennemy du vice qui te tient,
   Et de l'autruy (qui rien ne t'appartient)
   Ne sois iamais enquesteur curieux,
   Ny repreneur austere, & furieux:
   Mais, toy estant correcteur sans reproches,
   Souuienne toy que tellement approches
   Par charité la remonstrance faire,
   Que courtoysie en conduyse l'affaire.
Facilement du messaict pardon donne:
   N'esleue aucun, & n'abaisse personne.
   Des proposans sois auditeur taisible,
   Et rapporteur des dictz non confusible.
   Au demandant rendz facile response,

Au querelleur, tost la noise renonce:
Soudainement en debatz ne te monte,
Et (s'il en vient) par raison les surmonte.
Or si tu es Continent, si aduise
Du tien esprit, & de ton corps la guise,
Leurs mouuemens, qu'ilz ne soient trop laschez,
Et ne te fie en ce qu'ilz sont cachez,
Car rien n'y faict si aucun n'y prent garde,
Puis que ton œil en secret les regarde.
Muable sois, non pas leger, pourtant:
Et ne sois point obstiné, mais constant.
Et si tu as sapience, & sçauoir,
N'en cache rien, fais le plus tost sçauoir.
Ne te soit grief de faire à toy semblables
Ceulx qui à toy ne sont equiparables,
Sans fierement les auoir à desdain.
En bien viuant ne crains Prince mondain.
Garde d'auoir de laschete le vice,
Quand vient à rendre vn plaisir & seruice:
Si tu l'as faict n'importune l'oreille
De ton amy, requerant la pareille.
Sois amyable, & bening à chascun,
Et ne sois point doulx flatteur à aucun.
Ayes à peu familiarité,
Et pour chascun iuge à la verité.
Sois plus seuere au iuger, qu'au langage,

Et plu

Et plus austere en vie, qu'en visage:
Sois amateur de pitié, & clemence,
En detestant cruaulté & vengeance.
Seme tousiours bon bruyt de mieulx en mieulx,
Et sur l'autruy ne sois point enuieux.
Si nouueautez, & souspeçons vas oyant,
Ou vitupere, à ce ne sois croyant,
Ains ceulx (lesquelz soubz vmbre de simplesse
Veulent iouer quelque tour de soupplesse
Au loz d'autruy, le querans impugner)
Conuaincre dois, & leur bien repugner.
Tardif à ire, à courroux difficile,
Prompt à mercy, & à pitié facile,
Ferme & constant durant l'aduersité,
Humble & discret en la prosperité.
Tu dois cacher tes vertus & biensfaictz,
Ainsi que font les autres leurs forfaictz.
De vaine gloire hayr dois les obiectz,
Non rigoureux, ne rude à tes subiectz.
De qui que soit ne blasme l'imprudence:
Sois peu parlant, preste aux gens audience,
Seuere sois sans nulle cruaulté,
Non mesprisant ioyeuse priuaulté.
Sois de sçauoir docile & amoureux,
Et d'instruyre autruy non rigoureux:
Apprens cela dont en as l'ignorance,

Sans

Sans de sçauoir en faindre l'apparence.

IVSTICE.

DE la quatriesme il fault auoir notice
Iustice dicte. Or qu'est ce que Iustice,
Fors de Nature vne vnion taisible,
Pour de plusieurs l'ayde, & secours paisible?
Mais qu'est ce encor de Iustice, sinon
De la Nature vne reigle, & canon,
Diuine loy, & diuine sentence,
Ou le lyen de l'humaine accointance?
Ce qui conuient pres d'elle on ne demande,
Car conuenable est ce qu'elle commande.
Quiconques donc veulx aller apres elle,
Premierement ayme Dieu d'vn tel zele.
Comme tu es de luy aymé aussi.
(S'il se peult faire) or l'aymeras ainsi,
Si (comme il faict) tu tasches ainsi faire,
Valoir à tous, & à nully messaire,
Lors auras tu le nom de Iuste acquis,
De tous seras bien aymé, & requis.
Que Iuste sois, tant seulement ne nuys,
Mais des nuysans empesche les ennuys.
Il ne fault pas ce pour Iustice prendre,
Ne nuyre à nul, ou en rien ne mesprendre:
Car rien n'y ha encor de conuenance,

C'est

C'est seulement de l'autruy abstinence:
Commence là, que l'autruy ne retiennes,
Puis marche auant, & qu'a tant ne te tiennes,
Et si l'autruy prendre ne t'esuertues,
Ce qu'a esté prins, si le restitues,
En chastiant pillardz & rauisseurs,
Que de telz griefz les autres en soient seurs.
Et pour vn mot obscur, ou ambigu,
Ne fonde point quelque debat aigu:
Mais sans viser au dict, ou au languáge
Contemple & voy du parlant le courage.
Tout vn te soit, que nyes, ou affermes,
Mais (ou que soit qu'on vienne mettre en termes
De Verité, quelque inquisition)
Tiens ce pour foy, & pour religion:
Si, en nyant, Dieu pour tesmoing appelles,
Et que de luy tu n'en ayes nouuelles,
De verité pourtant ne te fouruoyes,
Ny des statutz de Iustice & ses voyes.
Que s'il t'aduient vser de menterie,
Soit pour le mieulx, non pas pour tromperie.
Et s'il conuient verité racheter
Par le mensonge, il vault mieulx inuenter
(Sans point mentir) quelque excusation,
Veu qu'il y ha honneste occasion.
Le Iuste est tant aduisé, & discret,

Qu'il

Qu'il ne reuele à aucun le secret,
Car taire sçait cela qui est de taire,
Et sçait parler ce qui est necessaire.
Son seur repos n'est point solicité,
Il vit en paix, & en tranquilité,
Et ou plusieurs sont par maulx surmontez,
Les maulx par luy sont vaincuz & domptez.
Que si tu as d'vn tel estude enuie,
Tu attendras ioyeux la fin de vie:
En gayeté & en ferme liesse
Mespriseras du monde la tristesse:
Tout à ton aise, en vn tranquile arroy,
Tu attendras tout bruyt, trouble, & desroy:
Puis t'en iras, sans regret ne soucy,
Tout asseuré, soubz de Mort la mercy.

DV PRVDENT REGIME
DE PRVDENCE.

Parfaict seras, si des Quatre Vertus,
Suyuant les loix, preceptes, & statutz
Tu sçais garder leur mesure equitable,
Par vn moyen de viure raisonnable:
Car si Prudence est oultre bord flottant,
Cault tu seras, tout engin redoubtant,
Vn crocheteur de cas qu'on ne sceut oncques,
Et descoureur de tous delietz quelconques,

Tr

Tu seras dict & hayneux, & craintif,
Et aux souspeçons plus que trop attentif,
Craingnant tousiours, & tousiours enquerant,
Tousiours pensant, tousiours considerant,
Et appointant tes subtiles souspeçons,
Pour de quelcun reprendre les façons.
Monstré seras au doigt, de tout le monde,
Et dict celuy en qui malice abonde,
De preudhommie enneray perilleux,
Et de meffaictz espieur cautelleux,
Et (pour te dire à vn mot tout en somme)
Nommé seras de tous vn mauuais homme.
A tel meschef, & telle decadence
Meine souuent imprudente Prudence:
Mais qui d'icelle en aura bien vsé.
Ne sera point trop lourd, ne trop rusé.

DV FORTIFIEMENT
DE FORCE.

ET s'il aduient que Magnanimité
Sorte dehors de son pas limité,
Elle rend l'homme enflé, & despiteux,
Tempestatif, ingrat, & marmiteux,
Et tant en dicts qu'en faicts, chauld & soudain,
Honnesteté estant mise à desdain:
Car à tout coup (donne vne beste mue)

De ses

De ses deux yeux les fiers soureilz remue.
Il met tout trouble, ou est bonne conduicte,
Il frappe l'vn, & l'autre met en fuytte,
Et toutesfois qu'il soit fort courageux
Impugnateur, harceleur, oultrageux,
Ce nonobstant ne pourra il durer
A maintz effortz suruenans endurer:
Mais il fera vne fin malheureuse,
Ou il lairra l'emprinse dangereuse.
Qui donc de Force ha ou mesure, ou art,
Il n'est iamais trop hardy, ne couart.

DE L'ATTREMPEMENT
D'ATTREMPANCE.

Dame Attrempance aussi donc te contienne,
Que tu ne sois point chiche, quoy qu'il tienne:
Ne donne point à ta main restrainctif
Comme doubteux, souspeçonneux, & craintif.
Mettre en argent ne dois ton esperance,
Car aussi doit pourrir telle apparence:
Donc telle borne en Attrempance fiche,
Que tu ne sois, ne prodigue, ne chiche.

DV IVSTIFIEMENT
DE IVSTICE.

Finablement ainsi Iustice agense,
Qu'en ton esprit n'entre vne negligence

De

De n'amender faulte grande, ou petite,
En permettant toute chose illicite
Tant à ceulx là, qui pres de toy s'esbattent,
Qu'a ceulx lesquelz se mocquent, & debattent,
Ou deuenir si tresmal gracieux,
Qu'a nul ne soit misericordieux,
Mais aspre, & dur, à accointance humaine.
Ainsi fault donc que Iustice se meine:
Telle est sa loy, & amyable reigle,
Que tient le Iuste, & point ne s'en desreigle,
C'est qu'a mespris l'vsage familier
Ne luy met point son honneur singulier,
Et n'est point tant rigoureux, ne rebelle,
Que d'humain nom perde la grace belle.

CONCLVSION FINALE.

SI quelcun donc ha en soy bon vouloir
Non à luy seul, mais aux autres valoir,
De ces Vertus tient l'ordre recité,
Selon des temps & lieux la qualité,
Selon les gens, & les cas incertains.
Luy donc (ainsi comme en charroys haultains
Tresbien assis) euite les passages,
Par ou vont ceulx lesquelz ne sont pas sages,
En mesprisant d'oysiueté l'affaire,
Laquelle veult seruir Dieu de rien faire.

k   DE

DE LA CINQVIESME
VERTV.

CElle Vertu dont tu requiers le nom
Eſtre cy mis, te la diray ie ? non.
Si.non feray, on la congnoiſt aſſez,
Tant ſont ſes dictz, & ſes faictz compaſſez
Mignonnement, ſi que ſes autres Sœurs
Ayans prins garde à ſes propos tant ſeurs,
Raſſis, & ſains, deſquelz elle recree
Grandz & petis, confeſſent qu'eſt creée
Vraye Vertu, dont pour telle la tiennent,
Et ſe tenans pres d'elle l'entretiennent,
Rians enſemble auec ris d'attrempance:
Iuſtice voit comment elle diſpenſe
Tout iuſtement, de quoy moult s'eſmerueille:
Et puis Prudence ha honte que tant veille
Diligemment au ſuruenant affaire,
En confeſſant que mieulx ne pourroit faire:
Force voyant qu'a toute aduerſité
Reſiſter ſçait, & qu'en felicité
Attrempément ſe maintient ſans exces,
Ne cherche rien fors d'icelle l'acces.
Ces Vertus là donc l'ont en leur meſgnie,
Et ſi luy ſont, comme à Sœur, compaignie:
Raiſon le veult auſsi. Et les Trois Graces,
Ou qu'elle ſoit, ou voiſe en toutes places,

            Y vont

Y vont aussi: doulx passetemps luy donnent,
Ny nulle part iamais ne l'abandonnent.
Et s'il luy plait les neuf Muses chanter,
Digne sera qu'on l'escoute chanter,
En apprenant quelque chose d'icelle.
Nymphes des boys, Nymphes que Triton celle,
Ayment la veoir, & luy faire seruice.
Veulx tu bien veoir telle Vertu sans vice?
Assemble moy en vn corps femenin
Raison, Sçauoir, & le troupeau bening,
Royal, & sainct des Vertus qu'on renomme,
Et telle tiens celle que ie ne nomme.

F I N.

LOYSIR, ET LIBERTE'.

PROGNOSTICATION
DES PROGNOSTICATIONS,
Pour tous temps à iamais, sur toutes
autres ueritable, laquelle des-
cœuure l'impudence
des Prognosti
queurs.

*

Preface. A la Royne de Nauarre.

Dea, maintenant te congnoistray, Princesse,
Sans demander aux autres laquelle est ce,
Car ie t'ay veuë au milieu de l'eglise,
(Ou quelque iour fault qu'on euangelise)
Menant ta Sœur la noble Elienor,
Qui de son cueur soubz or aliene or.
Or t'ay ie veuë, & si est bien possible
Qu'aussi m'as veu, en trouppe confusible,
Quand plaisamment tu iettas tes deux yeux
Sur nous, questions voz spectateurs ioyeux:
Mais en l'instant de celle veuë heureuse
Ie fuz attainct de Honte langoureuse,
Qui est pour vray (puis qu'il fault que le die)
Vne piteuse, & griefue maladie.
Las, quel' pitié il y ha aux honteux
Plus que non pas en ces fourrez Goutteux:
Car les Goutteux treuuent prou de credit,

Mais

Mais les Honteux le perdent, comme on dict.
Or, si Dieu plait, mon mal se passera,
Et ce pendant ce passetemps sera
A toy de veoir ce nouueau Prognostique,
Qu'ay calculé, selon mon sens rustique,
Et faict offrir par nostre maistre Antoine.
A Dieu sois tu, à Tresillustre Royne.

Onde mondain, trop mondainement monde,
Monde aueuglé, monde sot, monde im-
munde,
Dont vient cela que, soit en Prose, ou Vers,
Tu vas cerchant par tout, les yeux ouuers,
Si tu verras point choses non pareilles,
Et qu'a tous motz tu leues les oreilles ?
O curieux ! iamais n'es à requoy,
Tu vas tousiours querant ie ne sçay quoy.
Ie ne sçay quoy, aussi ne fais tu pas,
Et bien souuent pers ton temps, & tes pas.
Ie ne croy point (à veoir tes modes sottes)
Que fol ne sois, ou que tu ne rassottes,
Ou bien (à veoir ta mine, & contenance)
Que ne sois prest à tomber en enfance.
Pourquoy t'es tu orendroit amusé ?
Mais que quiers tu, abuseur, abusé,

Qui

Qui abusant veulx bien en abus estre,
Et d'abuser te dis docteur & maistre?
Chasses tu pas apres Abusion,
Cuydant trouuer Prognostication,
Ou il y ayt des nouueautez nouuelles?
O affamé! belistre de Nouuelles,
Poure alteré, coquin de vanité,
Qu'en est il mieulx à ta mondanité?
N'en auras tu iamais (nenny, ce pense)
Assez remply ta besasse, ou ta pance?
N'est il aucun qui s'en apperçoiue ores,
Et prenne esgard comment tu les deuores,
Considerant vn peu les belles bresches
Lesquelles fais en ces Nouuelles fresches?
Car tu les prens, auant le temps, hastees,
Et sont par toy incontinent gastees:
Tu ne les fais que taster vn petit,
Puis tout soudain tu en pers l'appetit:
Et celles là qu'as euës ce matin
Sont ia autant vieilles qu'vn vieil patin.
Tu les sçais bien mendier à ta guise
De porte en porte, & d'eglise en eglise,
Et (que pis est) de peur d'estre au basac,
Au racompter tu metz tout en ton sac:
Et tant tu es les Nouuelles leschant,
Que tu prens tout, le bon, & le meschant:

Car

Car bien souuent les faulses & meschantes
Sont celles là pour lesquelles plus chantes.
Si lon t'a faict quelque aumosne bien grasse,
Dire ne fault combien en sçais de grace:
Auec telz biens, enflé comme vn crapault,
Et remonté tout ainsi qu'vn marpault,
Tu vas, & cours, çà, & là, par ces rues,
En les mangeant, & rongeant toutes crues,
Te repaissant des neusues amassees,
Sans plus penser aux vieilles ia passees.
Mais s'il aduient, que quelque diligence
Qu'en ayes faict, nul de ton indigence
N'ayt prins pitié, & que la tienne queste
N'ayt profité en demande, ou requeste:
Tu es bien tel, & de telle nature,
Que incontinent en fais à l'aduenture.
Puis en garnis les sacz des souffreteux,
Des autres gueux, qui en sont disetteux:
Ainsi tu fais, que de tes bribes vaines
Remplir s'en vont, & les os, & les veines.
Or en cecy fol es tu manifeste:
Car quãd tu voy qu'ilz en font leur grand' feste,
Ce nonobstant que les ayes trouuees,
Tantost de toy sont bonnes approuuees,
Tu les reprens, tu les prises, & notes,
A belles dentz auec eulx les grignotes,

En te saoulant de tes Nouuelles faulses,
Comme vn souillard cuysinier de ses saulses.
I'en ris en moy, chesque fois que i'y pense,
De tel exces, & de telle despense,
Et du deguast, que de Nouuelles fais,
Dont les reliefz sont pourris, & infectz,
Et bien souuent, O glouton de Nouuelles,
T'ay veu happer les vieilles pour nouuelles,
Quelque vieil bruyt, quelque fable, ou mensonge,
Comme le Chien, qui ses os d'antan ronge,
Aux quelz il prent appetit aussi bon,
Comme il feroit à quelque bon iambon,
Ou ventre frais sur croustes de pains blancz,
A tout le moins il en faict les semblans:
Ainsi fais tu des Nouuelles moysies,
Lesquelles sont souuent par toy choysies,
Et d'appetit soudainement brissees,
Si elles sont par quelcun rechauffees.
Or en es tu tant glout, que tu t'apprestes
A les manger, auant qu'elles soient prestes.
Mais il t'ennuye que trop tard tu demeures,
Si ne les as plus tost crues que meures:
Et maintesfois (soient grosses, ou menues)
Gripper les veulx ains qu'elles soient venues:
Mais tu en es si dangereux riffleur,
Que tu les quiers manger encor en fleur,

                                    Et com

Et (comme on dict en vn commun Prouerbe)
Manger les veulx, comme ton blé en herbe.
Mais ta faim est de telle vehemence,
Que mesme en veulx manger graine, et semence.
Pour donc fournir à telle nourriture,
Et en auoir amas, & fourniture
De celles là qui ne font encor nees,
Voluntiers oys les haultz fons, & cornees
De ceulx qui font Prognostication,
Toute nouuelle à la munition.
Là mon amy, à ces Nouuelles chauldes,
Ainsi qu'enfans apres leurs baguenauldes,
Ou ces mignons à dancer l'antiquaille.
Tu en as prou là encor en l'escaille
D'or, & d'argent, d'alquemie, & d'yuoire,
De toute sorte, & plusieurs autres, voire,
Et (si n'estoit que prodigue en es tant)
Tu en aurois pour cent ans tout contant:
Car, tu entendz, si elle ne conuient
A cestuy an, c'est pour celuy qui vient,
Et si celuy n'y trouue rien d'expres,
Metz la à poinct, sera pour l'autre apres:
Car elle peult autant estre à profit
Comme elle estoit l'annee qu'on la feit.
Or ie t'en veulx bailler vne pour toutes,
A celle fin que plus tu ne te doubtes.

                    k 5   Il est

Il eſt bien vray que Prognoſticateurs
Semblent auoir eſté expilateurs,
Ou crocheteurs, par leur art gent, & net,
Du hault treſor, & diuin cabinet,
Et auoir veu tout ce que Dieu nous cache
Secrettement, voire ſans qu'il le ſache,
Et auoir leu, en ſes ſacrez regiſtres,
La fin des Roys, des Papes, & Beliſtres,
Prins les fuſeaux, & toutes les menees
Des ſœurs qu'on dict Fatales deſtinees:
Et deſrobé auec leurs Lunaiſons
De l'aduenir, le temps, & les ſaiſons:
Et auoir prins tout en leur Sphere entiere,
Comme tous ratz dedans vne ratiere.
Dont puis apres, de plumes bien deliures,
Ilz nous en font & compoſent des liures,
En propl nant du hault Dieu les ſecretz,
Ou babillant leurs ſonges indiſcretz.
Là de tous cas iugent aſſeurément,
Comme vn meurtrier, lequel aſſeuré ment,
En affermant de tous les accidentz
Feablement, comme arracheurs de dentz.
Brief, rien n'y ha dont ne tiennent propos
Par leur parfaict Aſtralabe & Compos:
Mais ilz ne font aucunes mentions
De leur Progno (d'abus) ſtications,

A ſ

A ſçauoir mon ſi telle marchandiſe
Aura ſon cours, quoy que le marchant diſe:
Pourtant fault il, pour vn peu pratiquer
En ceſtuy art d'elles prognoſtiquer.
Par ainſi donc, ò Monde lunatique,
Ayes pour tous ceſtuy ſeul Prognoſtique:
C'eſt que (pour vray) tous tes Prognoſtiqueurs
Sont, & ſeront, ou mocquez, ou mocqueurs:
Et tiens cecy pour vn mot bien notable,
Qu'ilz ne diront rien qui ſoit veritable
Pour ceſtuy an, ny pour l'autre à venir,
Ny à iamais s'il t'en peult ſouuenir.
Et qu'ainſi ſoit, ie t'en rendray raiſon,
Va t'en chercher par toute ta maiſon,
Si trouueras des Almanachz les briques,
Et puis t'en viens viſiter les Chroniques,
Et eſplucher (à fin que mieulx t'aſſeures)
De receueurs Ephemerides ſeures,
Les confrontant, pour congnoiſtre, & ſçauoir
Ou il vault mieulx foy, & fiance auoir.
Là verras tu par effectz euidentz
Cóbien leurs dicts ſont aux faictz diſcordantz:
Et ſi tu veulx de cecy des teſmoings,
Tu en auras dix mille pour le moins,
Qui te diront, mon Almanach eſt faulx:
I'y ay trouué plus de cinq cens deffaulx:

Mon

Mon Almanach (dira l'vn) ne vault rien:
(Ce dira l'autre) aussi ne faict le mien.
Plusieurs diront ainsi pareillement:
Le mien qui ha façon pareille, ment.
Puis qu'ainsi est donques que les passez,
Ny ceulx qui sont de nouueau compassez
N'ont rien en eulx qu'on ne puisse desdire:
Fault il pas bien prognostiquer & dire
Que les futurs seront aussi semblables,
Et n'y aura que mensonges, & fables?
Si qu'on verra que Prognosticateurs
Ne sont sinon folz, mocqueurs, & menteurs,
Chasseurs, preneurs, vendeurs de fariboles,
Et que leur faict n'est que vaines parolles.
Que pourroient ilz dire du temps qui vient,
Quand du passé mesme ne leur souuient?
Duquel ilz ont menty, & mentiroient,
Car quel il fut, à grand' peine diroient.
O vanité! ò oyseux gaudisseurs!
Aymez, prisez, receuz des guarisseurs
De gres; lesquels n'ont point de maulx extresmes:
Des guarisseurs? mais guarisseurs eulx-mesmes,
Qui en iasant de leurs humeurs styptiques
Vont controuuer plusieurs raisons celiques,
Pour (quand souuent ilz faillent à leur cure)
Dire qu'il tient à Saturne, ou Mercure.

                                        Laissons

Laiſſons les là en ce terreſtre eſmoy,
　　Laiſſons les là, & allons toy & moy
　Là hault es cieulx, pour veoir d'aſtrologie
　L'art, & la fin, & comme elle eſt regie.
　Depeſche toy, poſe de chair la charge
　Tant enchargeable, & qui ſi fort te charge,
　A fin que ſois à voler plus dehait:
　Sus, eſt ce faiĉt? Or volons à ſouhait
　Par ce bel air, auquel Dieu nous conuoye.
Quelle te ſemble eſtre des cieulx la voye?
　A ton aduis, faiĉt il pas meilleur eſtre
　En ce doulx vol, qu'en ce dur nid terreſtre?
　Montons touſiours, ne viſe ia là bas
　Ou lon triumphe, ou lon faiĉt maintz esbas:
　Leue la teſte, & n'entre en phantaſie
　De regarder Europe, Afrique, Aſie,
　Ou vn chaſcun y domine à ſon tour:
　N'y penſe point, ſera pour le retour.
Or voy tu là Ieſus Chriſt en ce lieu,
　Qui eſt aſſis à la dextre de Dieu:
　Lequel doit eſtre, & eſt, ton eſperance,
　Ton ſeul appuy, & ta ferme aſſeurance,
　Le voy tu là le Viuant immortel,
　Lequel te peult rendre apres la mort tel?
　Ceſtuy te ſoit pour horoſcope vnique,
　Dont tu prendras tout certain prognoſtique

Pour l'aduenir:car Luy eſt verité,
Sans t'abuſer à la temerité
De ceulx,leſquelz (pour remplir bourſe et panſe)
De leurs abus te font belle deſpenſe:
Eſcoute bien de ſes dictz l'epilogue.
L'as tu ouy? Or t'en viens Aſtrologue,
Et ne crains point par ces douze maiſons,
Souffiſe nous ſi au Maiſtre plaiſons,
Lequel ſçait mieulx ce que nous faict beſoing,
Que ne pourrions,auec tout noſtre ſoing,
Songer,preuoir,penſer,ne deſirer.
Tu euſſes bien là voulu demourer,
Ie le congnois:mais il n'eſt pas poſſible,
Iuſqu'a la fin de ta chair corruptible.
Or maintenant (ſi tu es rien diſcret)
De l'aduenir tu entendz le ſecret,
Tu le ſçais mieulx voire,ie te prometz,
Que ces diuins ne le ſceurent iamais:
Car il t'a dict,le Viuant qui faict viure,
Que renoncer il ſe fault pour l'enſuyure,
Sans prendre en ſoy ſoucy du lendemain,
Ains ſeulement du temps qu'on ha en main:
Car les Payens quierent toutes ces choſes:
Que s'il aduient qu'icelles leur ſoient cloſes,
Chercher les font à leurs ſotz Aſtrologues,
Qui leur en font (Dieu ſçait quelz) catalogues,

O

Ou chascun d'eulx ses mensonges recite.
Et d'auantage ha dict qu'il n'est licite
  A nous sçauoir les temps, & les momentz,
  Que Dieu ha mis hors noz entendementz,
  Hors de noz sens, & nostre congnoissance,
  Et reseruez à sa seule puissance.
Va maintenant, & de Dieu te meffies,
  Et à ces beaulx Astrologues te fies,
  Lesquelz iamais n'ont sceu de Dieu l'affaire,
  Et s'ilz l'ont sceu, ilz le deuoient bien taire.
  Non feras dea, ia Dieu ne plaise aussi
  Auquel tu croy. Or fais que tout cecy
  Tantost à tous racomptes & reuelles.
  A Dieu te dy, alteré de nouuelles,
  Lequel, à fin que merueille te donnes
  De ses haults faicts, t'en doint en brief de bonnes.

F I N.

Au seul D I E v honneur, & gloire.

Ballade . A la Royne de
Nauarre.

Puis que ie sçay de quelle humanité
   Elle est douee en tout temps & saison,
   Puis que suis seur de sa begninité,
   Pourquoy ne romps ie à Peur sa lyaison?
   Deurois ie pas aller en sa maison
   Me presenter franchement deuant elle?
   Est ce bien faict luy faire fourbe telle,
   Veu que ie suis à elle, non pas mien ?
   De quoy me sert tant vser de cautelle?
   Ie luy fais tort, que ne luy rendz le sien.

Mais quand ie pense à la capacité
   Du mien esprit, dont n'en ay pas foison:
   Quand ie regarde à ma rusticité,
   Passer ne puis la premiere cloison:
   Disant en moy, qu'ay meilleure achoison
   Me deporter, qu'il n'en soit plus nouuelle:
   Mais ie crains trop que quelcun luy reuelle,
   Dont ne seroit pas le plus seur moyen:
   Brief, quand i'ay bien trauaillé ma ceruelle
   Ie luy fais tort, que ne luy rendz le sien.

Quand me souuient de la facilité
   Dont elle abonde en vers, & oraison,

                        Mon

Mon petit sens se sent debilité
Plus que deuant, & sans comparaison:
Me repliquant que ie n'auois raison
Ainsi fascher celle fleur naturelle,
Et que ie dois quicter telle querelle:
Mais ie luy dis, ce que tu dis n'est rien:
Il ne fault ia qu'en ce plus on querelle,
Ie luy fais tort, que ne luy rendz le sien.

Princesse pure, autant que Colombelle,
Ou des vertus la tourbe gente & belle
Ha mis des dons sans regarder combien,
Ie me confesse estre enuers toy rebelle,
Ie te fais tort, que ne te rendz le tien.

A ladicte Dame.

Si tu me veulx donc pour toy retenir
Ie te diray qu'il en peult aduenir:
Seruir pourray d'vn bien franc Aumosnier,
Car ie ne sçay point l'aumosne nyer:
Ou si tu veulx que sois ton secretaire
Ie sçaurois bien le poinct du secret taire:
Ou bien pourrois estre laquais de Court
Pour bien courir la poste en sale, ou court:
Ou si i'auois sur moy ton equipage
Ie pourrois estre vn tien honneste page,

l

On

Ou cuyfinier, pour feruir (quoy qu'il tarde)
Apres difner de faulfe, & de mouftarde:
Ou pour mieulx eftre eslongné de la table,
Eftre pourrois quelque valet d'eftable,
Que fi befoing tu n'as de mon feruice,
(Veu que tu as maintz feruiteurs fans vice,
Plus dru beaucoup que l'eau que Rofne meine)
Courray illec en celle court Romaine,
Au grand Lendy, dis ie, des Benefices,
Qui vallent bien autant que point d'offices,
Pour en feruant gaigner quelque Chappelle,
Dont ie ne fçay comment le Sainct s'appelle.
Là fi ne puis en eftre depefché
Au fort aller i'auray quelque Euefché:
Si ie ne puis impetrer d'eftre Prebftre,
Ie ne pourray qu'aumoins Cardinal eftre:
Ainfi feray, fi tu ne me retiens,
Et toutesfois toufiours feray des tiens.

A elle encores.

Sans Rithme donc, mais non pas fans raifon, en Profe
veulx faire mon oraifon: & ce pendant ie diray
à ma Mufe, qu'efcrire en vers maintenant ne s'a-
mufe. Si ie vous dis icy ou toy, ou tienne, ne vous
foit grief: car liberté Chreftienne fi en difpenfe, et
Dieu l'accepte auffi quand on l'inuoque, & on
                                        l'appelle

l'appelle ainſi. Or parler veulx à toy vne fois l'an,
ainſi que Dieu dict de Ieruſalem : Parlez, dict il, à
elle & en ſon cueur. Ainſi veulx donc ſans rigueur
ne rancueur parler vn peu à ton cueur gracieux, ou
ſont les loix & ſtatutz precieux du Roy des Roys,
grauez et entaillez, bien mieulx qu'en pierre ilz ne
furēt baillez. Eſcoute dōc, de par Dieu, cueur Royal,
ce que te dict ton ſeruiteur loyal, lequel pour tien, ains
que iamais le veiſſes, as retenu, pour faire aucuns ſer-
uices, qui te ſeront, aydant Dieu, agreables. Or ay ie
ouy propos peu fauorables, qui ſont à toy, & à moy,
mal ſeans, et ne croy point qu'iceulx ſoient nez ceans
en Royal cueur, auquel i'en fais le compte, & toutef-
fois pour tiens on les me compte : C'eſt que ie dois me
tenir là touſiours, dont ſuis party, & s'il y ha huict
iours que i'en ſuis hors, pour là au tien affaire (dict on)
vacquer, cōment ſe peult il faire? Car il n'y ha ne repos ne loyſir pour bien eſcrire, ainſi que i'ay deſir, et
que l'entēdz. Oultreplus, des celle heure on s'eſt pourueu d'vn lequel y demeure : & ie me tiens illec ſoir,
& matin, chez mon Seigneur Monſieur de ſainct
Martin, en attendant que tu me faces ſignes d'aller
chez toy, ou qu'eſtat tu m'aſſignes : dont tāt petit ſoit
il, en verité, indigine en ſuis, et ne l'ay merité. S'il eſt
ainſi qu'il faille que retourne, & qu'eſtant tien loing
de toy ie ſeiourne, que dira lors ma premiere mai-
l 2   ſtreſſe

streſſe,qui me laiſſa en regret & deſtreſſe: & à laquelle,en voyant telle attente,diſois ainſi: Eſtes vous
pas contente que ie vous laiſſe en change d'vne Royne,pourueu que ſois ſouffiſant & idoyne? Que diront
ceulx, leſquelz premier que moy, ains que iamais
m'en vinſt au cueur l'eſmoy, ont veu,& ſceu enuers
moy ton vouloir,dont ne me puis repentir ne douloir,
qui m'ont nommé poſſeſſion Royale, ilz cuyderont
que faulte desloyale ſe ſoit trouuee en moy, ce que
n'eſt pas,& Dieu me doint plus toſt le mien treſpas.
Or que de toy ie ſois loing & remot, ie ne croy point
que ce contraire mot, ce mot iamais ayt prins en toy
naiſſance,veu ton vouloir dont i'ay bien congnoiſſan
ce. Ce mot ne part de Royale largeſſe , ains ſort plus
toſt d'infidele ſageſſe, qui cuyde apprendre aux Roy-
aulx cueurs à craindre, & s'en tient pres pour leurs
deſirs enfraindre, Vn autre poinct y ha, lequel i'eſ-
coute:c'eſt,ſi ie veulx qu'au ſeruice on me boute d'vn
Gentil homme,et c'eſt mieulx mon profit (ce me dict
on)mais le tien me ſouffit,puis que ie voy auſſi qu'il te
plait bien,le tien ſeray,c'eſt ou Royal,ou rien.

AV ROY DE NAVARRE,

HEureux depart vous prierois à mon tour,
Et d'auantage vn plus qu'heureux retour,
Vous ſouhaittant touſiours bonne aduenture,

En

En enſuyuant de mon nom la nature:
Roy renommé, ſi n'eſtoit que i'ay peur
D'encourir nom d'affecté attrapeur,
Et rançonneur de largeſſe Royale,
En moy n'a lieu Cautelle desloyale,
(Loüé ſoit Dieu)pour vouloir cela faire:
Ce neantmoins que i'aye bien affaire,
Veu mon eſtat, & poure qualité,
De quelque Grace, & liberalité.
Or ie ne ſçay point l'art de demander,
Mais s'il vous plait de me recommander
Tant ſeulement à ma bonne Maiſtreſſe,
Ce ne ſera pas petite largeſſe.
Faictes le donc, Sire, pour la pareille,
Tel mot ne ſoit eſtrange à voſtre oreille:
Car ſi ie ſuis recommandé à elle
De vous, vn iour par Grace mutuelle
Sçay bien qu'à vous me recommandera.
A Dieu ſoyez, lequel vous gardera.

A la Royne de Nauarre.
S.

Si vous ne demandez ſinon les demandeurs,
Suyuant vertu Royale, & les recommandeurs
D'eulx, et de leurs amys : demãdeur deuiendray.
Hà, qu'eſt ce que ie dis ? à moy ie reuiendray:

l 3   Car

Car auoir ne pourrois le cueur de demander,
Quand vous me le vouldriez encores commander.
Ia soit que lon ayt dict qu'argent ie demandois,
Quand dire à Dieu au Roy dernierement cuydois,
Ou ce que ie craingnois certes m'est aduenu,
En m'imputant cela dont ie suis moins tenu.
Ouy, mais, ie n'auray rien, si rien ie ne demande:
Et bien, ou rien n'y ha, le Roy perd son amende.
Si donc, Royne, voulez qu'il y ayt quelque chose,
Donnez sans demander, car demander ie n'ose.
Mais qu'est ce qu'il me fault, ne que me fault il? rien.
Rien, Madame, que tout, & me contente bien:
Vray est que cil qui dict qu'il se contente, ment:
Toutesfois ie me vante auoir contentement,
Contentement content, ou point ne me mescompte:
Car riche autant qu'vn Roy, me treuue en fin de compte.

Vita uerecunda est, Musa iocosa mihi.

Inuectiue contre Re-
nommee.

Or es tu bien maligne, Renommee,
Car tu nè l'as pas telle renommee
Qu'elle est vrayment: & par ainsi, Langarde,
A tes propos vne autre fois prens garde,
Que desormais ne te voises mesler

Des

Des grandz vertus vouloir si peu parler.
En as tu dict beaucoup? la grand' pitié
Que de ton faict, ce n'est pas la moytié:
Car tesmoing ceulx qui d'elle ont congnoissance,
Quant à son loz rien ne t'y congnois: en ce
Qu'il semble à veoir que tu vueilles lascher
La plus grand' part soubz Silence cacher,
Mais tu ne peux, que chascun ne le sache:
Dont en seras renommee bien lasche.
Quand tu congnois que tu ne peux attaindre
A si hault blanc, sans tes forces estaindre:
Et quand tu vois que tes langues cliquantes
Ne sont tel loz iustement expliquantes,
Les dois tu pas soubz tes plumes tenir,
Et d'ainsi peu parler t'en abstenir.
O que i'ay bien parlé à celuy Monstre
De grand' vertu, faisant petite monstre:
Mais qu'ay ie faict? certes rien, au vray dire,
Ia ne me fault tant estre gonflé d'ire:
Car ces vertus, qui ne sont point nombrees,
Ne veulent point estre ainsi celebrees
Par bruyt mondain, ny par humaine voix,
Qui bien souuent fraudent le pris, & poix,
Ainsi qu'il est manifeste orendroit:
Aussi ne veult Madame là son droict,
Car elle sçait que ceulx la qui font bien,

                                    l 4   A celle

A celle fin qu'on en die du bien
Ont ia receu leur salaire content.
Or n'est le cueur d'elle de ce content,
Si Renommee est lasche à son renom,
Sa recompense est en Dieu, & son nom.

A Madame de sainct Pater.
S.

Hà, Madame de sainct Pater,
Si i'osois iurer Iupiter,
Et Styx, ce marays des enfers,
Ou les damnez sont mis en fers,
Soubz grief serment, sans feincte & ruse,
Ie pourrois faire mon excuse
De ce que nulle rithme expresse
N'auez eu de moy pour la presse
Qu'ay enduré à mon affaire,
Ou i'ay trouué beaucoup à faire.
Or y ha il remede assez,
Car tous mes escritz sont passez
Par voz mains, apres que la Royne
Ha faict d'iceulx lecture idoyne:
Toutesfois encor veulx ie bien
Declairer par escript, combien
Pour vous me vouldrois employer,
Sans iamais me feindre, ou ployer.

Vous

Vous n'en auez, par aduenture,
Pas vn tel que Bonauenture,
Qui vous voulsist faire seruice
Plus voluntiers (au dict n'est vice,
Si lon note les morz entiers,
Veu que ie dis plus voluntiers)
Car ia soit mon pouoir petit,
Neantmoins i'ay grand appetit
En tout, vous seruir & valoir:
Dont parier puis mon vouloir,
(Puis que ie n'ay pouoir aucun)
A tout le moins contre vn chascun,
Que si i'auois le pouoir tel,
Ie ne craindrois homme mortel
Qui soit en ce monde viuant,
Quant au nom de meilleur seruant.
Ie n'en veulx autre chose dire:
Ie vous empesche icy à lire,
Ou pas n'auez loysir, peult estre:
C'est faict, ie n'ay plus guaire à mettre.
Puis que vous voy de pres hanter
La Royne, à vous viens presenter
Vn don des Muses mal nourries:
Le voicy, sont Pasques flouries,
Que, s'il vous plait, luy baillerez,
Et le vostre me nommerez,

l 3   Elle

Elle n'y contredira rien,
Combien que ie fais ia le sien.

EPIGRAMMES.

De la Royne de Nauarre.

Tu es trompé, ò Peuple Lyonnois,
  Quand tu prens garde au magnifique arroy:
  Car parmy toy cachee mefcongnois
  En fimple habit, la Sœur de ton bon Roy:
  Mieulx es trompé, quand en Royal charroy
  La regardant, l'eftimes mondaine eftre.
  Dieu ne l'a pas, non, pour cela faict naiftre,
  Quoy que mondain eftat qui trompe, rie:
  Que pleuft à Dieu, que tu fceuffes congnoiftre
  L'heureux fecret de telle tromperie.

A ladicte Dame.

Or l'ay ie veu cheminer en publique
  Ce Monftre là, Princeffe, que tu fçais,
  Qu'eft Feminin, Viril, & Angelique,
  Et qui furpaffe en tout humain exces:
  De honte, & crainte, en ay eu tel exces
  Incontinent que de mes yeux l'ay veu,
  Qu'onques ne fuz mieulx prins au defpourueu:
  Brief, i'ay efté furprins tout ainfi comme

                                        Iadis

Iadis le fut, vers luy, le Despourueu,
Mais iay aussi Bon espoir ce Bonhomme.

A elle encores.

Ma poure Muse, ò Noble Dame, chomme,
Et si ne tient qu'a faulte de loysir:
Las, elle voit en tel estat son homme,
Qu'on n'en pourroit pas vn pire choysir:
Cuydez vous point que c'est grand desplaisir,
Qu'elle se voye ainsi tant destourbee:
Ce qu'elle escript, c'est à la desrobee,
Car ou i'ay prou besongné tout le iour,
Tant que i'en ay la main lasse & courbee,
Il semble encor que i'aye faict seiour.

De Soy mesme, & de son maistre Antoine du Moulin.

Merlin auoit son maistre Blaise,
Et i'ay mon maistre Antoine aussi:
Merlin viuoit bien à son aise,
Maistre Blaise auoit du soucy.
Mais il ne nous en prent ainsi,
Car maistre Antoine est soubz la tente
D'heureux Repos, ou il s'exempte
De tous Soucys, au cueur serrans:
Et malheur veult que ie m'absente

Des

De nobles Cheualiers errans.

A Iean de Tournes, Imprimeur.

Veulx tu garder que perte ne t'aduienne,
   Ou que n'en sois de regretz morfondu,
   Ne te dis point que ta chose soit tienne,
   S'elle se perd, tu n'auras rien perdu:
   Et pour tout dire, à vn mot entendu,
   Tout mal se moule en la forme de dire:
   Car si tu dis, en ton cueur remply d'ire,
   Que lon te hayt, le bien en mal prendras:
   Et si tu dis, que chascun te peult nuyre,
   Le tien amy pour ennemy tiendras.

A Monsieur le Viconte du Per-
che.

Monsieur le Viconte du Perche,
   Dedalus, quand volera il?
   Vous l'auez laissé sur la perche,
   Ou il est dru, gay, & gentil:
   Par le vostre moyen subtil
   Il est encor en son plumage,
   Dont chantera en chant ramage
   Viue par qui vie ha son compte,
   A iamais, sans dueil, ne dommage,
   Viue du Perche le Viconte.

A la

A la Royne de Nauarre.

Tu as trouué vn Enquesteur de mesmes
    Pour t'enquerir de moy, ton Malfaicteur,
    Qui me congnoist mieulx que ne fais moymesmes,
    Qui ha esté, & est mon precepteur,
    Qui m'a monstré quel est mon Redempteur,
    Qui m'a monstré Rithmes, Grec, & Latin,
    Auquel i'allois le soir, & le matin,
    M'en retournois faire aux enfans lecture:
    C'est mon Seigneur, Monsieur de sainct Martin,
    Qui me pourchasse encor Bonne aduenture.

A ladicte Dame.

Hà, le voicy, Madame, le voicy
    Le Malfaicteur, qui les Rithmes mal faict:
    C'est luy qui ha baillé ce dizain cy,
    Lequel, peult estre, encor est imparfaict.
    Or qu'il soit donc detenu pour le faict,
    Et chastié de son oultrecuydance:
    Remonstrez luy sa faulte, & impudence,
    Et s'il vous plait, qu'il soit en relle sorte
    Mis prisonnier, pour faire residence
    En lieu si seur, que iamais il n'en sorte.

A maistre Noel Alibert, Lyonnois.

Deux Cordeliers, auec deux Iaccopins,
    En vn batteau veis, qui passoient la Saone,

Semb

Semblans deux facz entre deux gros tuppins,
Depuis le Pont, tant leur blason consonne:
Le Battelier bien deuote personne
Prioit, disant: Si ces ames diuerses
De noz Conuentz, professes, ou conuerses
Se perdent cy en ce val terrien,
Helas, mon Dieu, n'en ayons controuerses,
Nul bien n'en vient, ne m'en demande rien.

A Madame la Seneschale de Poictou.

Doubteux esmoy, qui parler m'a contrainct,
Mon poure Espoir vouldroit bien diuertir,
Il le harie, il le serre, & estrainct,
Et voluntiers le feroit repentir
De ce qu'il vint iamais à consentir
De trouuer mieulx, veu que longue est l'attente:
Mais Espoir dict tout bas, qu'il se contente,
Et qu'il n'y ha qu'vn petit d'interualle,
Qu'il n'ayt response asseuree, & patente,
Dict il pas bien, ô Noble Seneschale.

A la Royne de Nauarre.

Madame, vostre Prisonnier,
Il faict encor là de la grue:
Luy voulez vous prison nyer,

Car

Car il va, & court par la rue:
Qu'il n'ayt plus la plume si drue,
Et le gardez de tant voler.
Oultreplus, souffrez vous mesler
Ainsi le vostre parmy tous?
Car à le veoir ainsi aller
On ne sçait pas qu'il soit à vous.

A ladicte Dame.

Si le Preuost des Mareschaulx venoit,
  Veu que ie suis maintenant sans rien faire,
  Consideré, que point ne me congnoit,
  Il n'est pas seur que n'eusse de l'affaire:
  Ie ne pourrois respondre, ou satisfaire,
  S'il me trouuoit vagabond, & oyseux,
  Il me prendroit, comme vn de ces noyseux,
  En moins qu'auoir dict vne Patenostre,
  Et me mettroit captif auecques eulx
  Sans regarder que ie suis ia le vostre.

A Monsieur le Chancelier
d'Alençon.

Prudent Chancelier de renom,
  Auant que faire la closture
  De l'estat, n'oubliez le nom
  Tant ioyeux de Bonauenture:

Que

Que s'il est en vostre escripture,
Et que la Royne vous l'efface,
Ie ne sçay pas plus que i'en face
Fors l'aller noircir de douleur,
Et escrire, changeant sa face,
Pour Bonauenture Malheur.

A la Royne de Nauarre.

Que me mettiez ainsi au choix de dire
Combien ie veulx auoir de vous de gage,
Ie doubte fort se i'y dois contredire,
Ou accorder, voire & en quel langage:
Car si ie dy trop, veu le personnage,
Ie vous feray grand tort, & à moy honte:
Si ie dis peu, & que ie me mescompte,
Veu que n'ay rien, ce n'est pas saine chose,
Et diroit on, que tiendrois peu de compte
De Royaulté, parquoy rien dire n'ose.

A ladicte Dame.

Baillé m'auez de la besongne à faire,
Et pour ouurer ie m'appareille aussi:
Ce nonobstant, encor pour mon affaire
Ie vous escris, comme voyez icy,
Veu que ne puis pour vous escrire ainsi
Comme ie suis, pourtant donc vous requiers ie,

Que

Que m'ordonniez lieu hors trouble, & soucy,
Et i'escriray aussi droict comme vn Cierge.

Du Goust du Vin retrouué.

Autour de la machine ronde,
Tournant, virant, & voltigeant,
Cerchois la chose qu'en ce monde
Ne se recouure pour argent:
Et dont m'auoit faict indigent
Ce Monstre laid, dict Maladie:
Bacchus à la teste estourdie,
Qui est bon Gaudisseur diuin,
Par vne risee esbaudie
Me la rendu le Goust du vin.

De l'Appetit recouuert.

O petit, petit Appetit,
Helas, questois tu deuenu?
Maintenant, petit à petit
Me seras tantost reuenu.
Or sois tu le tresbien venu,
Et ne t'en vas qui que t'harcelle:
Mais tu as perdu la vaisselle
Ou le Noble escu Nauarrois
Donne lieu au deuy de celle,
Que disois que plus ne verrois.

m   A Ma

A Madame Marguerite, fille
du Roy.

Vous voulez donc veoir Dedalus qui vole,
O Marguerite, ou noſtre Eſpoir eſpere,
Que verrez vous? vne naïſue Idole,
Vn filz qui eſt par trop rebelle au pere.
En ceſte chair digne de vitupere
N'eſt le meilleur regarder la perſonne:
Mais voſtre Tante, en qui tout bien conſonne,
Ha vn Miroir, ſans macule, ne vice,
Ou maint Eſprit ſe voit, & ſe façonne:
Là la congneuz auant que ie la veiſſe.

A la Royne de Nauarre,

Quand premier ma ruſtique Muſe
Pleine de grand' legereté,
Qui de nature ne s'amuſe
Voluntiers qu'a ioyeuſeté,
Salua voſtre Maieſté,
Elle auoit d'autres cas à dire:
Et ne penſoit pas vous eſcrire
A iamais ſupplication,
Ou on treuue trop à redire,
Et n'y ha nulle inuention:
Mais c'eſtoit ſon intention
De parler de la loy de C H R I S T,

Dont

Dont souuent faictes mention,
Autrement iamais n'eust escript.

A Blaise Vollet, de Dye.

Iaques le Gros n'ayme que les Iambons,
  Et mesmement des Iambons de Maiance:
Mais, comme il dict, ilz ne luy sont pas bons,
  S'ilz ne sont bien salez par excellence:
Beaucoup plus tost au Merluz il se lance,
  Qu'il ne faict pas à quelque Esturgeon fraiz:
Vous auez beau faire grands coustz & fraiz
  Si au festin vous l'auez appellé,
Vous y perdrez tous voz exquis apprestz:
  Iaques le Gros n'ayme que du salé.

A la Royne de Nauarre.

Or vous voyez ma valeur toute nue,
  Et sçauez ia bien quel est mon sçauoir,
Puis donc qu'auez ma plume retenue
  Feray descrire, & voler bon Deuoir:
I'escris tousiours pour vous de mon pouoir,
  Et pour escrire encor mieulx m'appareille:
Veu tant d'escriptz, requiers pour la pareille
  Que me baillez de la vostre escripture
Vn mot flory de grace non pareille,
  Pour tout l'heureux heur de Bonne aduenture.

A Madamoyſelle de ſainct Pater.

Pourray ie auoir vn priuilege
   De Dame, ou Damoyſelle dire,
Puis que c'eſt pis que ſacrilege
L'vn de ces motz pour l'autre eslire:
   Hyer, il me conuint deſdire,
   Et reſcinder la queuë oyſelle,
Car i'auois dict tout d'vne tire
   A la Royne, Madamoyſelle.

A la Royne de Nauarre.

En eſcriuant voz immortalitez,
   Ou il y ha tant de ſubtilitez,
Tant de propos de haulte inuention,
Tant de threſors, & tant d'vtilitez,
Mes ſens en ſont tous rehabilitez,
Ma plume y prent ſa recreation,
Voulant voler à l'imitation,
Mais il n'y ha aucune conuenance:
Dont puis qu'elle ha telle occupation,
Ou elle peult prendre erudition,
De plus rithmer deuroit faire abſtinence.

A ladicte Dame.

Le voſtre volant Dedalus
   Interrogué à quoy tenoit,

Qu'il

Qu'il n'auoit vn Bucephalus,
Ains voloit ou il cheminoit,
Dict, que point ne s'en estonnoit:
Car, dict il, (veu ce que poursuys)
De plus gens de bien que ne suis
S'en vont à pied à l'aduenture:
Mais aussi (comme dire puis)
Gens aussi vains vont sur monture.

A elle encores.

Pour vostre Lictiere presente
Ie n'ay rien que ie vous presente,
Sinon ce vostre immortel Liure,
Lequel pour lire ie vous liure,
Par tel si, que le me rendrez,
Et mes faultez y reprendrez:
Mes faultes (dis ie) d'escriuain,
Qui fais souuent maint escript vain:
Car leans la mienne escripture
Faict grand tort à vostre facture:
Mais du tout me corrigeray,
Quand temps, loysir, & lieu i'auray.

D'une Mule, qu'on menoit uendre.

La Mule de Monsieur porte vn chappeau de paille,
Dont chascun dict ainsi: C'est vn signe d'art gĕt:

Car il fault que vrayment Madame rien ne vaille:
Ou que, sauf vostre honneur, Monsieur n'ayt point
    d'argent.

Epigramme. Sur un ouurage de Mousches à miel, attaché à un Couldrier.

C'est vn Conuent, ou Republique,
    De Mousches moult ingenieuses,
    Lesquelles ne sont point oyseuses,
    Car chascune au labeur s'applique.

De z, & s. A ses Disciples.

Vous auez tousiours s, à mettre
    A la fin de chesque plurier,
    Sinon qu'il y ayt vne lettre
    Crestee au bout du singulier:
    Et quand e, y ha son entier,
    Bonté vous guide à ses Bontez:
    Si vous suyuez autre sentier
    Voz bonnes notes mal notez.

Sur l'Eglogue faicte par Claude le Maistre, Lyonnois.

O doulce Niece tant requise,
    La ioye qui m'est aduenue
    A ta plus qu'heureuse venue,

                         En vers

En vers ne peult estre comprise:
Veu que les Vers, selon leur guise,
Tousiours veulent qu'on les mesure,
Et ma ioye passe mesure.

A Antoine du Moulin, Masconnois.

Rosne mignon, qui Saone, & Sorgue meines,
Et qui du pere, & du filz gentement
Vas arrosant les deux amples domaines,
En diuisant leurs confins iustement,
Soit donc tesmoing ton beau tiers bastiment,
Non loing duquel Laure ha sa sepulture,
Que ceste poure & lasse creature,
En s'en allant, comme chose sans nom,
Ie ne sçay ou, chercher son aduenture,
Ha rencontré vn amy de renom.

De la Royne de Nauarre.

A quoy tient il, qu'il y ha si grand' presse
De gens ceans, qu'on ne se peult tourner?
Ilz viennent veoir (ce croy ie) ma Maistresse,
Et pour l'ouyr ayment bien seiourner:
Ouy, mais, i'en voy plusieurs se prosterner
Pour luy parler: dont me faict souuenance
De Athena, qui par bonne ordonnance
Veult essayer vn chascun professeur:

m 4 *Mais*

Mais quelcun dict que (veu la contenance)
Elle ressemble vn bien bon Confesseur.

Enuoy. Par Iacqueline de Stuard, Lyonnoise.

O quel effort cruel, & dangereux,
    Quand contre Amour, Amour faict resistence !
O que celuy est vrayment malheureux,
    Qui contre soy ha soymesme en deffense !
Ie sens en moy ceste grand' violence
Estant contrainte à autre m'addresser:
Mais qui pourroit de cela me presser,
Veu que changer n'est point à mon vsage ?
Amour luy mesme, il le me faict laisser
Pour me venger de son tort, & oultrage.

Response.

Le cueur qui dict qu'a changer le contrainct
    Contraire Amour, d'Amour n'a congnoissance,
Car qui bien ayme, à bien aymer s'astrainct,
    Doubtant d'Amour la cautelle & puissance.
Il est si fin ce Dieu de Iouyssance,
    Que comme il sçait par semblans attrapper,
    Ainsi il fainct de laisser eschapper
La Proye, à fin d'esprouuer sa constance:
    Mais s'elle cuyde enfin s'emanciper,
    Il ha pour elle assez de resistance.

A la

A la Dame Penelope.

Vrayment, puis que ie m'en aduise,
   Bailler vous veulx vne deuise
   De trois lettres tant seulement,
   Que vous pourrez facilement
   Paindre par tout ou vous vouldrez.
T, & d, assez pres ioindrez,
   Dont les deux boutz esgaulx seront:
   Puis les couplez d'vn O, bien rond
   Le tout en vne espere ronde:
   Il n'est pas possible en ce monde,
   Penelope, ie vous asseure,
   En inuenter vne meilleure,
   Ne qui plus vostre esprit contente,
   Veu la fortune, & longue attente
   D'Vlixes, dont le souuenir
   Vous faict ia vieille deuenir.

CHANSON. A Claude Bectone, Daulphinoise.

SI Amour n'estoit tant volage,
Ou qu'on le peust veoir en tel aage,
   Qu'il sceust les labeurs estimer,
   On pourroit bien sans mal aymer.
Si Amour auoit congnoissance
   De son inuincible puissance,

Laquelle

Laquelle il oyt tant reclamer,
On pourroit bien sans mal aymer.

Si Amour descouuroit sa veuë
Aussi bien qu'il faict sa chair nuë,
Quand contre tous se veult armer,
On pourroit bien, sans mal aymer.

Si Amour ne portoit les fleches,
Dont aux yeux il faict maintes breches
Pour en fin les cueurs consommer,
On pourroit bien, sans mal aymer.

Si Amour n'auoit l'estincelle,
Qui plus couuerte, & moins se celle,
Dont il peust la glace enflammer,
On pourroit bien, sans mal aymer.

Si Amour, de toute coustume,
Ne portoit le nom d'amertume,
Et qu'en soy n'eust vn doulx amer,
On pourroit bien, sans mal aymer.

Response.

Si chose aymee est tousiours belle,
Si la beauté est eternelle,
Dont le desir n'est à blasmer,
On ne sçauroit que bien aymer.
Si le cueur humain qui desire,
En choisissant n'a l'œil au pire,

Quand

Quand le meilleur sçait estimer,
On ne sçauroit que bien aymer.

Si l'estimer naist de Prudence,
Laquelle congnoit l'indigence,
Qui faict l'amour plaindre & pasmer,
On ne sçauroit que bien aymer.

Si le Bien est chose plaisante,
Si le Bien est chose duysante,
Si au Bien se fault conformer,
On ne sçauroit que bien aymer.

Brief, puis que la bonté benigne
De la sapience Diuine
Se faict Charité surnommer,
On ne sçauroit que bien aymer.

Chanson.

Par ton regard tu me fais esperer,
En esperant, my conuient endurer,
En endurant ne me fault ia complaindre,
Car la complaincte ne peult mon mal estaindre:
Mais du danger, seul me peulx retirer,

Chanson.

Par ton parler me fais en toy fier,
En m'y fiant ne me dois soucier:
Se souciant, on ne faict rien que craindre,

Et par

Et par la crainte on peult la Foy enfraindre:
Or ie ne veulx de toy me meffier.

Chanson.

Par ton amour, tu m'apprens à aymer,
En bien aymant, de nul mal eftimer:
En eftimant du grand comme du moindre,
Et moins n'entendz ie en Charité me feindre
Vers mon Prochain, lequel me vient blafmer.

RONDEAVLX.

A la Royne de Nauarre.

Trop plus qu'heureux, ie fuis par vous, Princeffe,
Car mes foucys langoureux ont prins ceffe,
Puis qu'il vous plait pour voftre m'aduouer:
I'en rithmeray donques, fans m'enrouer,
Iufques à tant que vous me difiez ceffe.

Ie ne craindray plus Ennuy, ne Deftreffe,
Puis que Dieu m'a donné telle Maiftreffe,
Dont ne l'en puis iamais affez louer,
Trop plus qu'heureux.
Si vous trouuez en moy d'efcrire addreffe,
Si me gardez du peché de pareffe,
Et que ie n'aye appetit de iouer:

Ca

Car au labeur me veulx du tout vouer
Pour mieulx seruir à la vostre Noblesse.
Trop plus qu'heureux.

A ladicte Dame.

Ce m'est assez, en vous tresbien seruant,
Si i'acquiers nom de fidele Seruant,
Plus tost d'effect, que non pas de langage:
Acheuez moy l'Euangelique gage,
Qui est auoir la vesture en viuant.

Ia vestu m'a, pour son propre escriuant,
Vostre bonté que ie vois obseruant:
Donnez moy lieu pour vacquer à l'ouurage,
Ce m'est assez.
Ayant seruy plusieurs par cy deuant,
Ou i'ay esté Indigence esprouuant,
Tant qu'on disoit, Cestuy là perd son aage:
Dieu maintenant, d'vn Royal personnage,
Face que sois la grace desseruant:
Ce m'est assez.

A Benoist Baumet, Lyonnois.

En Court, pour le beau premier soir,
Couché fuz comme en vn pressoir,
En lict bien autre que de plume,

Vn

Vn petit plus dur qu'vne enclume,
On le peult sentir à s'y seoir.

Mais sans rien m'en apperceuoir,
De dormir ie feis mon deuoir,
Non obstant la neufue coustume
En Court.
Il ne m'en doit gueres chaloir,
Ie n'en puis de rien pis valoir,
Ainsi que i'espere, & presume:
Le temps passé ie ne resume,
Car d'endurer i'ay bon vouloir,
En Court.

A Matthieu de Quatre, de la Mastre.

Les Aueugles, & Violeurs,
Pour oster aux gens leurs douleurs,
Chantent tousiours belles chansons:
Et toutesfois par chantz, & sons,
Ilz ne peuuent chasser les leurs.

Ce qu'ilz chantent en leurs malheurs,
Ilz ayment mieulx que les couleurs,
Ou moins qu'enfans longues leçons,
Les Aueugles.

En

En chantant ilz penſent ailleurs,
  Meſmement aux biens des bailleurs,
  Autrement, chantz leurs ſont tenſons,
  Et n'en priſent point les façons
  Si leurs Biſſacz n'en ſont meilleurs,
    Les Aueugles.

A la Royne de Nauarre.

Pour paſſetemps, donc, de voſtre lictiere
  Regarderez ceſte triſte matiere,
  Du corps de C H R I S T ſeconde paſſion,
  Dont vous prendrez grande compaſſion,
  Quand l'aurez veuë, & leute toute entiere.

C'eſt Poureté, de langueurs courratiere,
  Et de la croix, de C H R I S T, vraye heritiere,
  Qui vous faict cy ſa ſupplication,
    Pour paſſetemps.

Elle ha eſpoir, la poure irreguliere,
  Conſiderant la bonté ſinguliere
  Qui eſt en vous, qu'a ſa profeſſion
  Ferez donner quelque perfection,
  Vous le pouez, Sœur du Roy familiere,
    Pour paſſetemps.

A la

A ladicte Dame.

Loyſir, & Liberté,
    Ceſt bien ſon ſeul deſir:
    Ce ſeroit vn plaiſir
    Pour traicter Verité.

L'eſprit inquieté
    Ne ſe faict que moyſir.
            Loyſir, & Liberté.
S'ilz viennent ceſt eſté,
    Liberté, & Loyſir,
    Ilz la pourront ſaiſir
    A perpetuité,
            Loyſir, & Liberté.

C A R E S M E P R E N A N T,
En Taratantara.

CAreſmeprenant, c'eſt pour vray le Diable,
Le Diable d'enfer plus inſatiable,
Le plus furieux, le plus diſſolut,
Le plus empeſchant la voye de ſalut
Que Diable qui ſoit au profond manoir,
Ou ſe tient Pluton, ce Roy laid, & noir:
C'eſt le deſbaucheur des malings eſpritz,
Qui ſoubz forte main ſont liez, & pris.
Tous ſes cõpaignons ia meſchants d'eulx meſmes,
                                Enhorte,

Enhorte, & femond à tous maulx extresmes,
Eacus, Minos, & Rhadamantus
Iuges Infernaulx du tout se sont teuz,
Quand de loing ont veu Caresmeprenant,
Ce gros diable là, grand à l'aduenant,
Qui les inuitoit à tous griefz exces,
A vuyder les potz, non pas les proces.
Tisiphone lors ha baillé les champs,
Et ha suspendu la peine aux meschans,
Lesquelz pour si peu qu'ilz sont relaschez,
Retournent encor à leurs vieulx pechez.
Elle, pour fournir mieulx aux beuueries,
S'en va amasser toutes les Furies,
Auec Lachesis, Clotho, Atropos,
Qui ont bon vouloir à vuyder les potz:
Tantalus y court, à fin qu'il desieune,
Et maulgré les Dieux, il rompt son long ieusne.
L'oyseau qui le cueur à Titius mange
S'en est enuolé, craingnant la reuenge:
Puis il congnoist bien que de chair n'a pas
Assez pour fournir à vn tel repas.
Sisyphus se paist, & prent ses esbas,
Sans aller querir sa grand' pierre en bas.
Ixion lié en roue tournant,
S'estant arresté boit à tout venant.
Brief, les Enfers sont sans reigle, ne frain,

n   Par

Par ce Diable-là, qui les met en train:
Charon le Naucher hydeux, & sauuage,
En se reposant boit sur le riuage,
Et ne pensez pas, non, que ce soit eau,
Car desappuyer ne veult son batteau,
Qui est soustenu par eau sale, & trouble:
Il ayme bien mieulx du vin voire, au double.
Qui luy bailleroit des anniuersaires
Tout le reuenu, & des mortuaires,
Il ne passeroit point celle iournee
De qui que ce fust, nulle ame damnee.
Dueil s'est esbaudy, & de rage court,
Auec les Soucys, en la basse court:
Crainte à tous forfaictz, & maulx, s'enhardit
Poureté ayant trop si se gaudit:
Faim prent les morceaulx que macher ne peult,
Et comme d'estœufz esbattre s'en veult.
Caresmeprenant, qui ne quiert qu'à mordre,
Par sa faction met tout en desordre:
Et ayant esmeu ainsi les Enfers,
Tous ces Diabletons en chaines, & fers,
Cà hault ha mené, en cestuy sot monde,
Pour leur faire veoir vn triumphe immunde,
De meschanceté vn vif exemplaire,
Lequel onc ne peut aux Vertueux plaire.
Lors poures Humains (las) trop curieux,

Veule

Veulent imiter ce tant furieux
Diable folloyant: ilz le contrefont,
Et se vont ventans, que vrayment ilz font
Caresmeprenant, ilz font donc le Diable?
Aussi le font ilz, tant soit amyable
La vieille façon. Et la Quarantaine
Qui s'en vient apres n'est point tant certaine
De tous les biensfaictz qu'elle entreprent faire,
Qu'à tous ces maulx là puisse satisfaire,
Lesquelz en ce iour on commet sans crainte,
Ou ses biens sont faictz souuent par contraincte.
Peult vn bien forcé vn mal voluntaire
Purger deuant Dieu? Ie ne m'en puis taire:
Chascun à ce Iour de riffler s'efforce,
Aux autres suyuans on ieune par force,
Ou à tout le moins on faict abstinence,
Ou si vous voulez on faict contenance:
Et n'ose iuger, de ma phantasie,
Qu'on face telz biens sans hypocrisie:
Mais ie suis certain, qu'elle n'a point lieu
Aux actes commis ce iour deuant Dieu,
Qui ne partent point sinon d'vn vain cueur
Caresmeprenant en estant vaincueur.
A fin donc que pis il ne nous aduienne,
Requerons à Dieu, que plus ne reuienne

Ce qui est tous maulx au monde apprenant,
Ce Diable mauldict Caresmeprenant.

A la Royne de Nauarre.

Si i'ay faict Caresmeprenant,
Il vous plaira me pardonner,
Car veu que ie suis apprenant
M'y ha faillu ma part donner:
Il vous ha pleu de m'ordonner
Pour vostre Poësie escrire,
Ie m'y deuois mieulx addonner,
Mais il failloit à ce Iour rire.

FIN.

TOVT A VN.

L'IMPRIMEVR

AVX IMPRI-
MEVRS.

*

I chafcun de nous tafchoit, pour l'am
pliment & perfection de noftre art,
de faire de mieulx en mieulx, & non
corrompu de l'efperance du gaing,
d'aller par la trace d'autruy, nous
n'aurions fi mauuais bruyt auiourd'huy que nous
auons, de faire ouuraiges incorrectz. I'entens, pour
mieulx le vous declairer, que nous fommes fi a=
donnez au profit indeu, que incontinent que l'vn
de nous ha mis quelque belle œuure en auant, il
eft par l'autre incontinent refaict. Refaict (dis ie) le
plus fouuent auec mille faultes : & à ce moyen de=
meure celuy qui en auoit premieremēt prins la peine fruftré de fon labeur, pour autant qu'en vendāt
les mefchans ouuraiges, ne fe expedient les bons, à
caufe du vil pris ou accourent les indoctes, ne fa=
chans que c'eft. Et le pis que ie y voy, c'eft que la
faulte aduient aux liures nouueaulx le plus fou=
uent : defquelz à iufte caufe celuy qui premier les
met en lumiere deuroit retirer le profit, fans y eftre
retardé ny empefche. Donc, quant à moy, i'ay deli-
beré de tenir en mon imprimerie cefte mode, qu'il
n'y fera imprimé aucun liure nouueau, qui ayt efté
premierement imprimé par autre, que premier celuy n'ayt retiré le loyer & profit de fes peines &
defpenfes. Si prie tous autres de noftre art qu'ilz

veulent tenir ceste façon defaire, & l'obseruer diligemment, attendu que ce sera bien faict, &
cause que chascun aura ses gaingz
& profitz comme il ap-
partiendra.

*

www.ingramcontent.com/pod-product-compliance
Lightning Source LLC
Chambersburg PA
CBHW070633100426
42744CB00006B/666